中学地理を
ひとつひとつわかりやすく。

［改訂版］

Gakken

みなさんへ

「地球って，どうなっているの？」「日本の地形の特色は？」

地理はこのような世界の不思議を解き明かしていく，とても面白い分野です。中学地理では，世界の姿，日本の姿，世界各地の人々の生活と環境，日本の地域的特色など，世界と日本のさまざまなことを学習します。

地理の学習は用語を覚えることも大切ですが，暗記だけでは本当の実力はつきません。

この本では，文章をなるべく読みやすい量でおさめ，大切なところを見やすいイラストでまとめています。ぜひ文章とイラストをセットにして，イメージをふくらませながら読んでください。

みなさんがこの本で地理の知識や考え方を身につけ，「地理っておもしろいな」「もっと知りたいな」と思ってもらえれば，とてもうれしいです。

この本の使い方

1回15分，読む→解く→わかる！

1回分の学習は2ページです。毎日少しずつ学習を進めましょう。

左ページが解説です。

書き込み式の練習問題です。

まちがえやすい部分や学習のコツがのっています。

解答・解説

答え合わせも簡単・わかりやすい！

解答は本体に軽くのりづけしてあるので，引っぱって取り外してください。

問題とセットで答えが印刷してあるので，簡単に答え合わせできます。

復習テストで，テストの点数アップ！

これまで学習した内容を確認するための「復習テスト」があります。

☺ 学習のスケジュールも，ひとつひとつチャレンジ！

まずは次回の学習予定日を決めて記入しよう！

　最初から計画を細かく立てようとしすぎると，計画を立てることがつらくなってしまいます。
まずは，次回の学習予定日を決めて記入してみましょう。

　1日の学習が終わったら，もくじページにシールを貼りましょう。
　どこまで進んだかがわかりやすくなるだけでなく，「ここまでやった」という頑張りが見える
ことで自信がつきます。

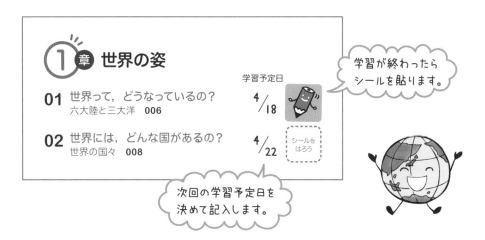

カレンダーや手帳で，さらに先の学習計画を立ててみよう！

　スケジュールシールは多めに入っています。カレンダーや自分の手帳にシールを貼りながら，まずは1週間ずつ学習計画を立ててみましょう。

　あらかじめ定期テストの日程を確認しておくと，直前に慌てることなく学習でき，苦手分野の対策に集中できますよ。

計画通りにいかないときは……？

　計画通りにいかないことがあるのは当たり前。
　学習計画を立てるときに，細かすぎず「大まかに
立てる」のと「予定の無い予備日をつくっておく」
のがおすすめです。
　できるところからひとつひとつ，頑張りましょう。

次回の学習日を決めて，書き込もう。
1回の学習が終わったら，巻頭のシールを貼ろう。

わかる君を探してみよう！

この本にはちょっと変わったわかる君が全部で5つかくれています。学習を進めながら探してみてくださいね。

色や大きさは，上の絵とちがうことがあるよ！

01 世界って，どうなっているの？

　地球の表面は**陸地**と**海洋**からなり，陸地：海洋＝３：７で海洋のほうが広くなっています。陸地は大陸と島，海洋は三大洋とそれに付属する小さな海からなります。また，世界のさまざまな国と地域は，**６つの州**に分けることができます。

●六大陸と三大洋

　六大陸は**ユーラシア大陸，アフリカ大陸，北アメリカ大陸，南アメリカ大陸，オーストラリア大陸，南極大陸**，三大洋は**太平洋，大西洋，インド洋**です。

●６つの州

　アジア州，ヨーロッパ州，アフリカ州，北アメリカ州，南アメリカ州，オセアニア州の６つです。

アジア州は，東アジア，東南アジア，中央アジア，南アジア，西アジアなどに分けることができるよ。

どの国の領土でもない南極大陸は除いて分けるよ。

基本練習

➡ 答えは別冊2ページ

1 ▢ にあてはまる語句を書きましょう。

(1) 陸地と海洋では，[＿＿＿＿]のほうが広くなっています。

(2) 六大陸のうち，面積が最も大きい大陸は[＿＿＿＿＿＿＿＿]大陸です。

(3) 三大洋のうち，面積が最も大きい海洋は[＿＿＿＿＿]です。

2 下の地図を見て，次の問いに答えなさい。

(1) 地図中のA，Bの大陸名をそれぞれ答えなさい。

A [　　　　　　　　　]　　B [　　　　　　　　　]

(2) 地図中の①〜④の州名をそれぞれ答えなさい。

① [　　　　　　　　　]　　② [　　　　　　　　　]

③ [　　　　　　　　　]　　④ [　　　　　　　　　]

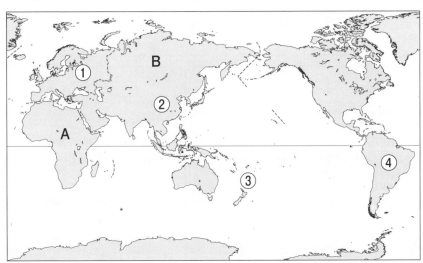

😊 ミス注意 2 (2) ③「オーストラリア州」としないように注意。

02 世界には，どんな国があるの？

【世界の国々】

　世界には**190余り**の国があり，面積が大きい国，人口が多い国，周りを海に囲まれた**海洋国（島国）**，海に面していない**内陸国**などさまざまで，各国は**国旗**をもちます。国と国との境を**国境**といい，自然地形や緯線・経線を利用した国境線があります。

●世界のさまざまな国

【面積が大きい国】

👑1位	ロシア
👑2位	カナダ
👑3位	アメリカ合衆国
4位	中国（中華人民共和国）
5位	ブラジル

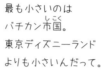

最も小さいのはバチカン市国。東京ディズニーランドよりも小さいんだって。

【人口が多い国】(2019年)

👑1位	中国	14億3378万人
👑2位	インド	13億6642万人
👑3位	アメリカ合衆国	3億2907万人
4位	インドネシア	2億7063万人
5位	パキスタン	2億1657万人

(2020/21年版「日本国勢図会」)

【海洋国（島国）】

日本　マダガスカル　キューバ

【内陸国】

モンゴル　スイス　パラグアイ

【共通点がある国旗】

オセアニア州の国々の国旗には，植民地支配していたイギリスの国旗が，イスラム教徒が多い国々の国旗には，イスラム教の象徴の星と三日月が描かれているね。

オセアニア州の国々の国旗

オーストラリア　ニュージーランド　ツバル

イスラム教徒が多い国々の国旗

トルコ　パキスタン　アルジェリア

【国名の由来】

・**エクアドル** … 赤道という意味のスペイン語から。

・**コロンビア** … 探検家のコロンブスから。

・**インド** … 大河という意味のインダス川から。

基本練習

→ 答えは別冊2ページ

1 ［　　　　］にあてはまる語句を書きましょう。

(1) 周りを海に囲まれた国を ［　　　　　　　　　　］ といいます。

(2) ［　　　　　　］ は国と国との境です。

(3) 面積が最も大きい国は ［　　　　　　　　　　　］ で，面積が最も

小さい国は ［　　　　　　　　］ です。

(4) 人口が最も多い国は ［　　　　　　　　　　　　］ で，2番目に

多い国は ［　　　　　］ です。

2 （　　　　）のうち，正しいほうを選びましょう。

(1) 世界には （　140・190　）余りの国があります。

(2) 内陸国には （　スイス・キューバ　）やモンゴルなどがあります。

(3) オセアニア州の国々の国旗には，（　フランス・イギリス　）の国旗が入っ

ているものが多くみられます。（　キリスト・イスラム　）教の信者が多い

国々の国旗には，星や三日月が描かれているものが多くあります。

(4) （　イギリス・インド　）は大河という意味のインダス川から，

（　エクアドル・ウルグアイ　）は赤道という意味のスペイン語から国名が

つけられました。

 ポイント 面積が大きい国と人口が多い国は，上位5か国を覚えておくこと。

03 地球って、どうなっているの？

緯度と経度

世界のさまざまな国や都市の位置は，**緯度**と**経度**を用いて表すことができます。東京のおよその位置を緯度と経度で表すと，北緯36度，東経140度になります。

●緯度のしくみ

緯度は，**赤道**を0度として，赤道からどれだけ離れているかを，南北にそれぞれ90度に分けて表したものです。同じ緯度の地点を結んだ線を**緯線**といいます。

赤道は，アフリカ大陸の中央部や南アメリカ大陸の北部などを通っているよ。

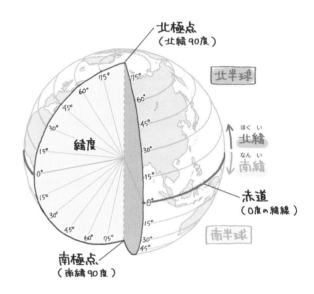

●経度のしくみ

経度は，**本初子午線**を0度として，本初子午線からどれだけ離れているかを，東西にそれぞれ180度に分けて表したものです。同じ経度の地点を結んだ線を**経線**といいます。

本初子午線

経度の基準となる0度の経線。イギリスの首都ロンドン郊外にある旧グリニッジ天文台を通る。

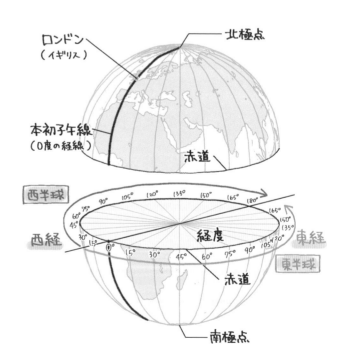

基本練習

→ 答えは別冊2ページ

1 ◻ にあてはまる語句を書きましょう。

(1) 世界のさまざまな国や都市の位置は，◻ と ◻ を用

いて表すことができます。

(2) 同じ緯度の地点を結んだ①

の線を ◻ といい

ます。

(3) 同じ経度の地点を結んだ②

の線を ◻ といい

ます。

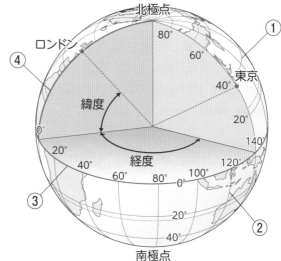

(4) ③の線は，緯度0度の緯線

です。これを ◻ といいます。

(5) ④の線は，経度0度の経線で，◻ といいます。

2 ( ) のうち，正しいほうを選びましょう。

(1) 東京のおよその位置は，北緯（ 26・36 ）度，（ 東経・西経 ）

140度と表すことができます。

(2) 経度の基準となる本初子午線は，イギリスの首都の（ ローマ・ロンドン ）

郊外にある旧グリニッジ天文台を通ります。

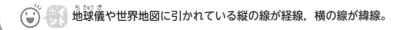

地球儀や世界地図に引かれている縦の線が経線，横の線が緯線。

04 世界地図には,どんなものがあるの？

地球儀と世界地図

地球儀は地球をそのまま縮めた模型で,面積や距離,方位などを正しく表しています。いっぽう,平面の世界地図はそれらを一度に正しく表すことができないため,目的に応じて,さまざまな世界地図を使い分ける必要があります。

●さまざまな世界地図と注意点

【緯線と経線が直角に交わる地図（角度が正しい地図）】

メルカトル図法という。地図上の2つの地点を結んだ直線が経線に対して等しい角度になる。主に航海図に使われてきた。高緯度ほど実際の面積より拡大される。

面積のかんちがいに注意！

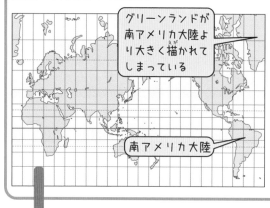

グリーンランドが南アメリカ大陸より大きく描かれてしまっている

南アメリカ大陸

方位のかんちがいに注意！

真東に見えるが正しくは北東

東京　サンフランシスコ

正しい真東はこっちになる　ブエノスアイレス

正しい面積を知るには…

正しい距離と方位を知るには…

【面積が正しい地図】

モルワイデ図法。分布図などに利用。

グリーンランド

実際は,グリーンランドより南アメリカ大陸のほうが大きい

【中心からの距離と方位が正しい地図】

正距方位図法。主に航空図に利用。

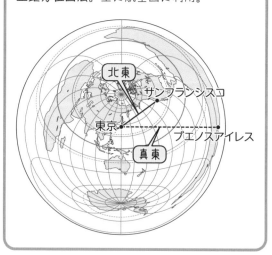

北東

サンフランシスコ

東京　ブエノスアイレス

真東

基本練習

→ 答えは別冊2ページ

1 ◯ にあてはまる語句や記号を書きましょう。

(1) 下の**地図1**は，[ ] が正しい地図です。

(2) 下の**地図2**は，中心からの距離と [ ] が正しい地図です。

地図1

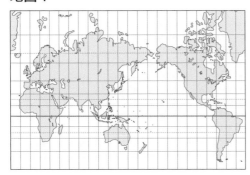

地図2

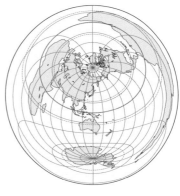

(3) 下の**地図3**と**地図4**の**A**と**B**のうち，正しい真東は [ ] です。

地図3

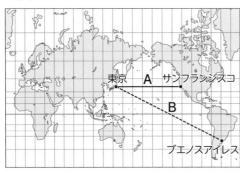

地図4

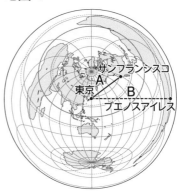

2 （　）のうち，正しいほうを選びましょう。

(1) 角度が正しい地図は（　航空図・航海図　）に使われてきました。

(2) 中心からの距離と方位が正しい地図は（　航空図・航海図　）に利用されます。

😊 ミス注意 角度が正しい地図は，面積，距離，方位ともに正しくないことに注意。

復習テスト①

→ 答えは別冊14ページ

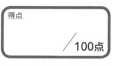

得点 ／100点

1章 世界の姿

1

六大陸と三大洋について，右の地図を見て，次の問いに答えましょう。

【各6点，計24点】

(1) 地図中の **A〜E** の大陸のうち，最も大きい大陸を1つ選び，記号で答えなさい。

〔 　　　 〕

(2) 三大洋のうち，最も大きい海洋を地図中の①〜③から1つ選び，番号で答えなさい。

〔 　　　 〕

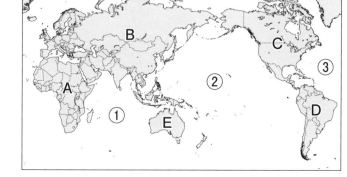

(3) 世界の国や地域は6つの州に分けられます。地図中の **B** の大陸は，周辺の島々とともに2つの州に分けられますが，その州の名を答えなさい。

〔 　　　　　　 〕〔 　　　　　　　 〕

2

世界の国々について，次の問いに答えましょう。

【各8点，計32点】

(1) 次の**ア〜ウ**の国々は，世界で面積が大きい上位3か国です。大きい順に記号で並びかえなさい。

ア カナダ　**イ** アメリカ合衆国　**ウ** ロシア

〔 　　 → 　　 → 　　 〕

(2) 日本と同じく，周りを海に囲まれた海洋国（島国）を次の**ア〜エ**から1つ選び，記号で答えなさい。

ア モンゴル　**イ** キューバ　**ウ** パラグアイ　**エ** スイス

〔 　　　 〕

(3) 次の**X**と**Y**の文が説明している国を下の**ア〜エ**からそれぞれ選び，記号で答えなさい。

X スペイン語で「赤道」を意味する国。

Y 探検家のコロンブスの名が由来となっている国。

ア エクアドル　**イ** インド　**ウ** ブラジル　**エ** コロンビア

X〔 　　 〕Y〔 　　 〕

3

緯度と経度について，右の図を見て，次の問いに答えましょう。　【各6点，計12点】

(1) 図中の**A**が通る都市を次の**ア**〜**エ**から1つ選び，
記号で答えなさい。

ア ニューヨーク　　**イ** パリ
ウ ロンドン　　　　**エ** シドニー

〔　　　　　〕

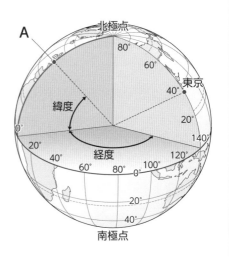

(2) 東京のおよその位置を示したものを次の**ア**〜**エ**
から1つ選び，記号で答えなさい。

ア 北緯36度　　　西経140度
イ 南緯36度　　　東経140度
ウ 南緯36度　　　西経140度
エ 北緯36度　　　東経140度

〔　　　　　〕

4

地球儀と世界地図について，右の地図を見て，次の問いに答えましょう。

【各8点，計32点】

(1) 右の地図は，何を正しく示していま
すか。あてはまるものを次の**ア**〜**ウ**か
ら1つ選び，記号で答えなさい。
ア 面積
イ 角度
ウ 中心からの距離と方位

〔　　　　　〕

(2) 右の地図は，主に何に用いられてき
ましたか。次の**ア**〜**ウ**から1つ選び，
記号で答えなさい。

ア 分布図　　**イ** 航空図　　**ウ** 航海図

〔　　　　　〕

(3) 地図中の**X**と**Y**のうち，東京から見て真東を示しているのはどちらですか。

〔　　　　　〕

(4) 世界地図と比べたときの地球儀の長所を，1つ答えなさい。

〔　　　　　　　　　　　　　　　　　　　　〕

05 日本はどこにあるの？

日本の位置

　日本の位置を緯度と経度で表すと，およそ**北緯20〜46度**，**東経122〜154度**の間にあります。ほかにも，日本の位置は，「ユーラシア大陸の東，太平洋の北西部にある海洋国（島国）」「中国や韓国の近くに位置する国」などと表すこともできます。

●日本と緯度が同じくらいの地域

　中国や韓国，地中海沿岸の**ヨーロッパ南部**や**アフリカ北部**の国々，**アメリカ合衆国**などは日本と緯度が同じくらいです。

日本は，「極東」と呼ばれることがあるよ。ヨーロッパから見て東の端にあるイメージなんだね。

同緯度で地中海付近へ
移動した日本

同緯度で北アメリカへ
移動した日本

●日本と経度が同じくらいの地域

　オーストラリアなどは日本と経度が同じくらいです。オーストラリアから日本を見ると，「日本は太平洋をはさんで北に位置する国」と説明することができます。

オーストラリアのちょうど真ん中あたりを，東経135度の経線が通っているんだね!!

同経度で赤道の反対側へ
移動した日本

基本練習

→ 答えは別冊3ページ

1 ◻️ にあてはまる語句を書きましょう。

(1) 日本は，◻️ 大陸の東，◻️ 洋の北西部に位置する海洋国（島国）です。

(2) ◻️ 海沿岸のヨーロッパ南部の国々は，日本と緯度が同じくらいです。

(3) ヨーロッパの国々から見ると日本は東の端にあるので，「◻️」と呼ばれることがあります。

(4) オーストラリアから見た日本は，「◻️ 洋をはさんで北に位置する国」と説明することができます。

2 （　　） のうち，正しいほうを選びましょう。

(1) 日本は，およそ北緯20 ～ （　36・46　）度，東経（　112・122　）～ 154度の間にあります。

(2) 北アメリカでは （　アメリカ合衆国・カナダ　），ヨーロッパでは（　イギリス・イタリア　） が日本と緯度が同じくらいの国です。また，アフリカの （　北部・南部　） にある国も日本と緯度が同じくらいです。

(3) 日本と経度が同じくらいの国には，南半球の（　オーストラリア・チリ　）があります。

😊 ポイント ヨーロッパの国々は，多くが日本の北海道より高緯度にあることを押さえておく。

017

06 時差って何？

時差のしくみ

　世界各国は，基準となる経線の**標準時子午線**を決めて，その標準時子午線の真上に太陽が来る時刻を正午（午後０時）とし，**標準時**を定めています。日本の標準時子午線は，**兵庫県明石市**を通る<u>東経135度</u>の経線です。各国の標準時のずれを<u>時差</u>といいます。

【時差のしくみ】

> 地球は１日で１回転する。言い換えると，24時間かけて，360度回るので，
> **360（度）÷24（時間）＝15度**となり，１時間あたり15度回転する。
> つまり，**経度15度ごとに１時間の時差**が生じる。

●実際に時差を求めてみよう

【例題】

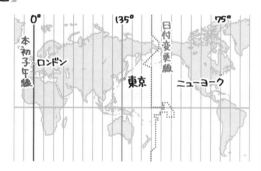

　東京が２月３日午前９時のとき，ニューヨークは何月何日何時か。なお，東京は東経135度の経線，ニューヨークは西経75度の経線を標準時子午線としている。

解き方

①２都市の経度差を求める

　東京は東経135度，ニューヨークは西経75度。右の図から両都市の経度差は**210度**となる。

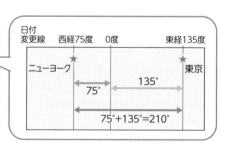

②経度差から，時差を求める

　経度15度ごとに１時間の時差が生じるので，両都市の時差は，210÷15＝**14（時間）** となる。

③時差から時刻を求める

　日付変更線で切ったとき，東京より西にあるニューヨークは，東京より遅れた日時である。よって，ニューヨークの時刻は，東京の２月３日午前９時の14時間前の，2月2日午後7時となる。

答え **２月２日午後７時**

1 ___ にあてはまる語句や数字を書きましょう。

(1) それぞれの国が時刻の基準としている経線を, ___ といいます。

(2) 日本の標準時子午線は, 兵庫県 ___ 市を通る, 東経 ___ 度の経線です。

(3) 国や地域の標準時のずれを ___ といいます。

(4) 地球は24時間かけて360度回るので, 経度 ___ 度ごとに1時間の時差が生じます。

(5) 二つの都市間の経度差が75度の場合, 時差は ___ 時間となります。

(6) 東経120度の都市と, 西経75度の都市の経度差は ___ 度です。

2 地図を見て, 次の問いに答えましょう。

(1) 東京 (東経135度) が5月2日午前6時のとき, イタリアのローマ (東経15度) は何月何日何時ですか。

〔   〕

😊 ミス注意 **2** (1) 時差から日時を求めるとき, 午前0時をまたぐ場合は, 日付を1日ずらすことを忘れないようにすること。

07 日本の領域とその特色は？

日本は北海道，本州，四国，九州の四つの大きな島と周辺の小さな島々が約3000kmにわたって弓なりに連なる**海洋国（島国）**です。国土の面積は**約38万 km²**です。

●日本の領域と排他的経済水域

国の主権がおよぶ**領域**は，陸地の**領土**，沿岸から一定の範囲内の**領海**，領土と領海の上空の**領空**からなります。

> **排他的経済水域**
>
> 沿岸から200海里（約370 km）以内で領海を除く水域。沿岸国が水産資源や鉱産資源を開発・利用する権利をもつ。

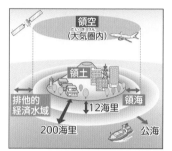

領域の区分

【日本の東西南北の端の島と排他的経済水域】

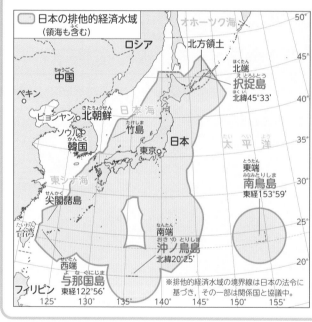

日本の排他的経済水域（領海も含む）

オホーツク海
ロシア
北方領土
中国
ペキン
北朝鮮
ピョンヤン
ソウル
韓国
竹島
日本海
日本
東京
太平洋
北端
択捉島
北緯45°33'
東シナ海
尖閣諸島
台湾
南端
沖ノ鳥島
北緯20°25'
西端
与那国島
東経122°56'
フィリピン
東端
南鳥島
東経153°59'

※排他的経済水域の境界線は日本の法令に基づき，その一部は関係国と協議中。

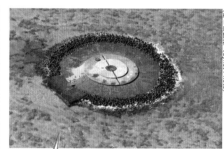

（朝日新聞社／Cynet Photo）

沖ノ鳥島

沖ノ鳥島は水没する可能性があったから，護岸工事が行われたよ。沖ノ鳥島がなくなって日本の排他的経済水域が大きく減ってしまうことを，防ごうとしたんだね。

●領土をめぐる対立

日本には，領土をめぐって周辺の国や地域と対立が起こっている島がある。

北方領土	択捉島，国後島，色丹島，歯舞群島からなる。北海道に属する日本固有の領土だが，ロシアが不法に占拠。
竹島	島根県に属する日本固有の領土だが，韓国が不法に占拠。
尖閣諸島	沖縄県に属し，日本が実効支配。中国・台湾が領有権を主張。

基本練習

→ 答えは別冊3ページ

1 □□□ にあてはまる語句や数字を書きましょう。

(1) 日本は北海道，□□□□，四国，九州の四つの大きな島と周辺の小

さな島々からなる □□□□□ 国です。

(2) 日本の国土の面積は，約 □□□□ 万km² です。

(3) 国の主権がおよぶ □□□□ は，領土，領海，領空からなります。

(4) □□□□□□ は，沿岸から200海里以内の領海を除く水域

で，沿岸国には水産資源や鉱産資源を利用する権利があります。

2 地図を見て，次の問いに答えましょう。

(1) 地図中の**A**〜**D**の島の名を答え

なさい。

A [　　　　　　]

B [　　　　　　]

C [　　　　　　]

D [　　　　　　]

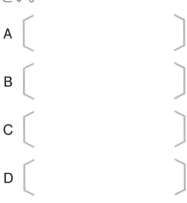

(2) 地図中の①北方領土，②竹島を

不法に占拠している国を，それぞれ答えなさい。

① [　　　　　　]　　② [　　　　　　]

😊 ミス注意 **2** (1) 南鳥島は日本の南の端ではなく，東の端なので注意。

08 日本はどのように分けることができるの？

　都道府県は地方政治を行う基本単位で，1都1道2府43県の**47都道府県**からなります。都道府県の政治を進める，都道府県庁が置かれた都市を県庁所在地といいます。

●都道府県と地域区分

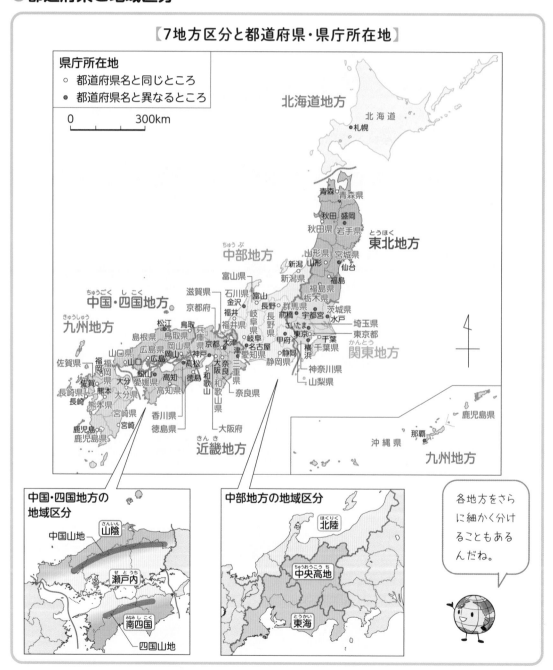

【7地方区分と都道府県・県庁所在地】

県庁所在地
○ 都道府県名と同じところ
● 都道府県名と異なるところ

0　300km

中国・四国地方の地域区分

中部地方の地域区分

各地方をさらに細かく分けることもあるんだね。

基本練習

→ 答えは別冊3ページ

1 ┃ ┃ にあてはまる語句や数字を書きましょう。

(1) 都道府県は，1都1道 ┃ ┃ 府 ┃ ┃ 県からなります。

(2) 都道府県庁が置かれた都市を，┃ ┃ といいます。

(3) 近畿地方に属するのは，三重県，┃ ┃ 県，京都府，大阪府，奈良県，和歌山県，兵庫県です。

(4) 愛知県は，7地方区分で ┃ ┃ 地方に属します。

2 地図中のA～Gにあてはまる県庁所在地を，下からそれぞれ選びましょう。

A [　　　　　　　　　]

B [　　　　　　　　　]

C [　　　　　　　　　]

D [　　　　　　　　　]

E [　　　　　　　　　]

F [　　　　　　　　　]

G [　　　　　　　　　]

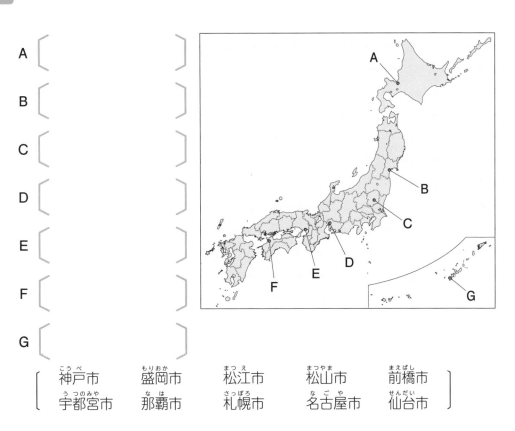

[　神戸市　　盛岡市　　松江市　　松山市　　前橋市
　宇都宮市　那覇市　　札幌市　　名古屋市　仙台市　]

都道府県名と県庁所在地名が異なるところは，全部で18ある（さいたま市を含む）。

023

1

日本の位置について，次の問いに答えましょう。　　【(2)は10点，ほかは各4点　計26点】

(1) 次の文のAとBにあてはまる語句を答えなさい。
　◇　日本の位置を緯度と経度で表すと，およそ　A　20〜46度，　B　122〜154度の間にある。

　　　　　　　　　　A〔　　　　　　　　〕　B〔　　　　　　　　〕

(2) 日本の位置を，六大陸のどれかを用いて簡単に説明しなさい。
　〔　　　　　　　　　　　　　　　　　　　　　　　　　　　　　　　　　　　〕

(3) 次の①，②にあてはまる国を下のア〜エからそれぞれ選び，記号で答えなさい。
　① 日本と経度が同じくらいの国　　　　　　　　　　　　〔　　　　　〕
　② 日本と緯度が同じくらいの国　　　　　　　　　　　　〔　　　　　〕
　　ア　ベトナム　　イ　ブラジル　　ウ　スペイン　　エ　オーストラリア

2

時差のしくみについて，次の問いに答えましょう。　　【各8点　計24点】

(1) 日本の標準時子午線の経度を，東経・西経をつけて答えなさい。
　〔　　　　　　　　　〕

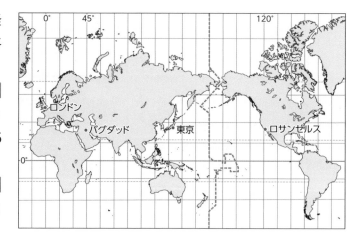

(2) 地図中のロンドン（経度0度）とバグダッド（東経45度）の時差は何時間ですか。
　〔　　　　　　　　　〕

(3) 地図中の東京が1月1日正午（午前12時）のとき，ロサンゼルス（西経120度）は何月何日何時ですか。次のア〜エから1つ選び，記号で答えなさい。
　ア　12月31日午後5時　　イ　12月31日午後7時
　ウ　1月1日午前11時　　エ　1月2日午前5時

　　　　　　　　　　　　　　　　　　　　　　　　　　〔　　　　　〕

3

日本の領域について，次の問いに答えましょう。　【(3)は各5点，ほかは各4点　計23点】

(1) 日本の面積を次の**ア～エ**から1つ選び，記号で答えなさい。
　　ア 約18万km²　　**イ** 約38万km²　　**ウ** 約138万km²　　**エ** 約1380万km²
　　　　　　　　　　　　　　　　　　　　　　　　　　　　〔　　　　　〕

(2) 沿岸国が水産資源や鉱産資源を開発・利用する権利をもつ，沿岸から200海里以内で領海を除く水域を何といいますか。
　　　　　　　　　　　　　　　　　　　　〔　　　　　　　　　　　〕

(3) 次の文にあてはまる島を下の**ア～オ**からそれぞれ選び，記号で答えなさい。
　① 島根県に属する日本固有の領土だが，韓国が不法に占拠している。
　　　　　　　　　　　　　　　　　　　　　　　　〔　　　　　〕

　② 日本の南の端にある島で，水没を防ぐために護岸工事が行われた。
　　　　　　　　　　　　　　　　　　　　　　　　〔　　　　　〕

　③ 日本の北の端にある島で日本固有の領土だが，ロシアが不法に占拠している。
　　　　　　　　　　　　　　　　　　　　　　　　〔　　　　　〕

　　ア 沖ノ鳥島　　**イ** 与那国島　　**ウ** 択捉島　　**エ** 竹島　　**オ** 国後島

4

都道府県と地域区分について，次の問いに答えましょう。

【(3)は各4点，ほかは各3点　計27点】

(1) 地図中の**A～D**の都道府県は，7地方区分でどの地方に属しますか。それぞれ答えなさい。
　　A〔　　　　　地方〕
　　B〔　　　　　地方〕
　　C〔　　　　　地方〕
　　D〔　　　　　地方〕

(2) 京都府の位置を，地図中の**X～Z**から1つ選び，記号で答えなさい。
　　　　　　　〔　　　　〕

(3) 地図中の**a～c**の県庁所在地名を次の**ア～オ**からそれぞれ選び，記号で答えなさい。

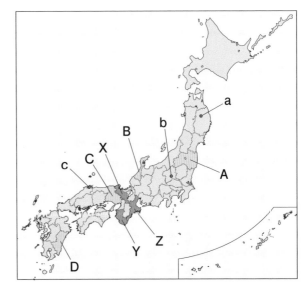

　ア 松山市　　**イ** 松江市　　**ウ** 水戸市　　**エ** 前橋市　　**オ** 盛岡市

　　　　　a〔　　　　〕　　b〔　　　　〕　　c〔　　　　〕

09 気候によって，暮らしはどう違うの？①

赤道から近い南太平洋のサモアや東南アジアのインドネシア・マレーシアは，一年中高温の**熱帯**の気候です。サハラ砂漠の南のサヘルや砂漠が広がるアラビア半島，モンゴルは雨が少ない**乾燥帯**の気候です。それぞれの気候に合わせた暮らしがみられます。

●熱帯の暮らし

【サモア】

(Cynet Photo)

海岸にはマングローブがみられる。伝統的な家には壁がなく，風通しがよい。

【インドネシアやマレーシア】

高床の住居

スコール

熱帯雨林が広がる。伝統的な家は，暑さや湿気がこもらないように高床になっている。

●乾燥帯の暮らし

【サヘルやアラビア半島】

(Cynet Photo)

土をこねてつくった日干しれんがの家がみられる。オアシスの周りでかんがい農業を行う。

【モンゴル】

ゲル

折りたためる移動式の家。

短い草の草原が広がる。家畜を飼い，水や草を求めて移動しながら暮らす（遊牧）。

1 　□にあてはまる語句を書きましょう。

(1)　南太平洋のサモアや東南アジアのインドネシアなどは，一年中気温が高い

　□　帯の気候です。

(2)　サモアの海岸には，常緑広葉樹の□がみられます。

(3)　熱帯の地域では，短時間に□と呼ばれる激しい雨が降

　ることがあります。

(4)　サハラ砂漠の南に広がる□やアラビア半島，モンゴルなど

　は雨が少ない□帯の気候です。

(5)　サヘルなどでは，土からつくった□れんがの家がみられ，

　水が得やすい□の周りで農業が行われています。

(6)　モンゴルでは，ゲルと呼ばれる移動式の家に住み，山羊や羊を飼いながら，

　水や草を求めて移動する□を営む人々がいます。

2 　（　　）のうち，正しいほうを選びましょう。

(1)　インドネシアやマレーシアでは，背の高い樹木がうっそうと茂る

　（　タイガ・熱帯雨林　）がみられます。

(2)　インドネシアやマレーシアでみられる伝統的な家は，暑さや湿気がこもら

　ないように，床が（　高く・低く　）なっています。

😊 各地でみられる伝統的な家は，土や木など身近に手に入る材料を使ってつくられている。

10 気候によって，暮らしはどう違うの？②

　ヨーロッパのイタリアやスペインは，温暖で四季がある**温帯**の気候，高緯度のシベリアやカナダ北部は，寒さが厳しい**冷帯（亜寒帯）**や**寒帯**の気候です。アンデス山脈の高地は**高山気候**で，昼と夜の気温差が大きいのが特徴です。それぞれの気候に合わせた暮らしがみられます。

●温帯の暮らし

【イタリアやスペイン】

石づくりの家

窓は小さく壁は厚い。中は涼しい。

夏は乾燥し，冬に雨が降る**地中海性気候**。ぶどうからワイン，オリーブからオイルを生産。

●冷帯（亜寒帯）の暮らし

【シベリア】

高床の住宅

建物からの熱で永久凍土が解けて，建物が傾くのを防ぐ。

タイガ（針葉樹林）が広がる。一年中凍った状態の永久凍土が広範囲に分布。

●寒帯の暮らし

【カナダ北部】

イグルー

雪をれんが状にして積み上げた家。

狩りや漁をしてきたイヌイットが町に定住。移動手段は，犬ぞりからスノーモービルに変化。

●高地の暮らし

【アンデス高地】

リャマ

アルパカ

帽子

荷物の運搬や衣服の材料に利用。

ポンチョ

標高差をいかした暮らし。リャマ・アルパカの放牧や主食のじゃがいもの栽培。

基本練習

→ 答えは別冊4ページ

1　□□□□にあてはまる語句を書きましょう。

(1)　イタリアやスペインは温暖で四季がある　□□□□　帯の気候です。

(2)　イタリアやスペインのように，夏は乾燥し，冬に雨が多くなる気候を

　　□□□□　気候といいます。

(3)　寒さが厳しい地域には，一年中凍った状態の　□□□□　土が分布し

　　ています。

(4)　カナダ北部には，□□□□　と呼ばれる人々が暮らしていて，

　　冬は雪をれんが状にして積み上げた　□□□□　に住みました。

(5)　アンデスの高地では，□□□□　は荷物の運搬に，アルパカの毛は

　　衣服の材料に利用されます。人々の主食は　□□□□　です。

2　（　　　）のうち，正しいほうを選びましょう。

(1)　日差しが強いイタリアやスペインの伝統的な家は，（　土・石　）ででき

　　ていて，窓は（　小さく・大きく　），家の中が涼しいつくりです。

(2)　イタリアやスペインでは，（　小麦・ぶどう　）からワイン，

　　（　タロいも・オリーブ　）からオイルの生産がさかんです。

(3)　カナダ北部に古くから暮らす人々の生活には変化がみられ，最近は

　　（　スノーモービル・犬ぞり　）で移動することが増えました。

😊 📖 各地の伝統的な家の特徴やさかんな農牧業をしっかり押さえておくこと。

11 世界の気候
世界には，どんな気候があるの？

世界には**熱帯**，**乾燥帯**（かんそうたい），**温帯**，**冷帯（亜寒帯）**（あ），**寒帯**の５つの気候帯があります。各気候帯は，気温や降水量の変化，乾燥の程度などによって細かい**気候区**に区分されます。

●世界の気候区と主な都市の雨温図

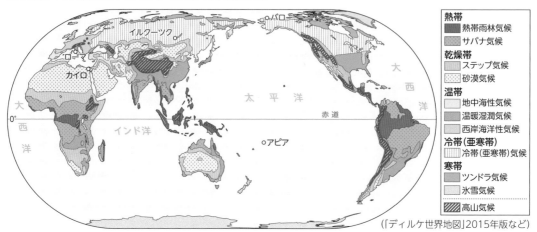

凡例：
熱帯
■ 熱帯雨林気候
▨ サバナ気候
乾燥帯
▦ ステップ気候
▧ 砂漠気候
温帯
□ 地中海性気候
▩ 温暖湿潤気候
▤ 西岸海洋性気候
冷帯（亜寒帯）
▥ 冷帯（亜寒帯）気候
寒帯
▨ ツンドラ気候
□ 氷雪気候
▨ 高山気候

（「ディルケ世界地図」2015年版など）

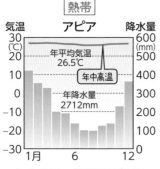

熱帯（アピア）
年平均気温 26.5℃
年中高温
年降水量 2712mm

一年中多雨の**熱帯雨林気候**と，雨季と乾季があるサバナ気候。

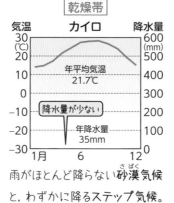

乾燥帯（カイロ）
年平均気温 21.7℃
降水量が少ない
年降水量 35mm

雨がほとんど降らない**砂漠気候**（さばく）と，わずかに降るステップ気候。

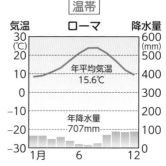

温帯（ローマ）
年平均気温 15.6℃
年降水量 707mm

雨が多く四季の変化が明確な**温暖湿潤気候**，気温や降水量の変化が小さい**西岸海洋性気候**，夏は乾燥し冬に雨が多い**地中海性気候**（ちちゅうかいせい）。

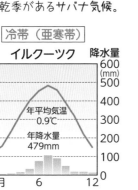

冷帯（亜寒帯）（イルクーツク）
年平均気温 0.9℃
年降水量 479mm

冬の寒さが厳しく，夏と冬の気温差が大きい。

寒帯（バロー）
年平均気温 −11.2℃
年中低温
年降水量 116mm

雪と氷に覆われる**氷雪気候**と，夏はこけが生える**ツンドラ気候**（おお）。

高山気候

周りの標高が低い地域に比べて気温が低い。昼と夜の気温差が大きい。

（「理科年表」2020年版など）

基本練習

→ 答えは別冊4ページ

1 　　　　にあてはまる語句を書きましょう。

(1) 　　　　帯は，一年中高温で降水量の多い気候帯です。

(2) 　　　　帯は雨が少なく，砂漠やたけの短い草原が広がる気候帯です。

(3) 　　　　帯は，温暖で四季の変化がはっきりしている気候帯です。

(4) 　　　　帯は，寒さが厳しく夏と冬の気温差が大きい気候帯

で，　　　　帯は，一年のほとんどを雪と氷で覆われる気候帯です。

2 地図中のA〜Dにあてはまる気候帯を，下のア〜エから選びましょう。

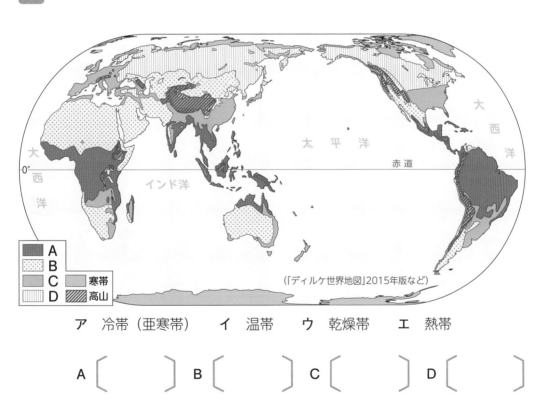

（「ディルケ世界地図」2015年版など）

■ A
▨ B
▧ C
▤ D
▨ 寒帯
▨ 高山

ア　冷帯（亜寒帯）　　イ　温帯　　ウ　乾燥帯　　エ　熱帯

A 〔　　　〕　B 〔　　　〕　C 〔　　　〕　D 〔　　　〕

😐 ミス注意　サバナは熱帯にみられるたけの高い草とまばらな樹木の草原，ステップは乾燥帯にみられるたけの短い草原。

12 世界には，どんな宗教があるの？

世界の宗教と暮らし

　世界には，三大宗教である**仏教**，**キリスト教**，**イスラム教**のほかにも，インド人の多くが信仰する**ヒンドゥー教**や，ユダヤ人が信仰するユダヤ教など，特定の民族や地域と結びつきが強い宗教があり，人々の暮らしにさまざまな影響を与えています。

●世界の主な宗教の分布と暮らし

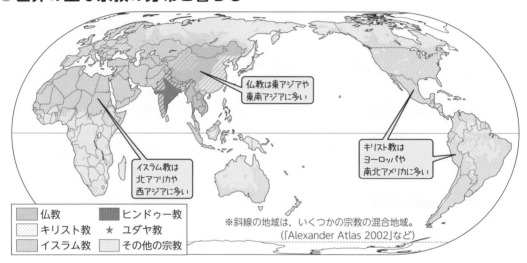

仏教	ヒンドゥー教	
キリスト教	★ ユダヤ教	
イスラム教	その他の宗教	

※斜線の地域は，いくつかの宗教の混合地域。
（「Alexander Atlas 2002」など）

仏教は東アジアや東南アジアに多い

キリスト教はヨーロッパや南北アメリカに多い

イスラム教は北アフリカや西アジアに多い

【仏教徒の暮らし】

寺院で祈り

僧侶へほどこし

【キリスト教徒の暮らし】

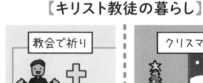

教会で祈り

クリスマス

【イスラム教徒の暮らし】

聖地メッカへ祈り

飲酒や豚肉を食べることは禁止

【ヒンドゥー教徒の暮らし】

牛は神聖なもの

体を清める（沐浴）

基本練習

→ 答えは別冊4ページ

1 世界の主な宗教の分布を示した次の図のA〜Dにあてはまる宗教を答えましょう。

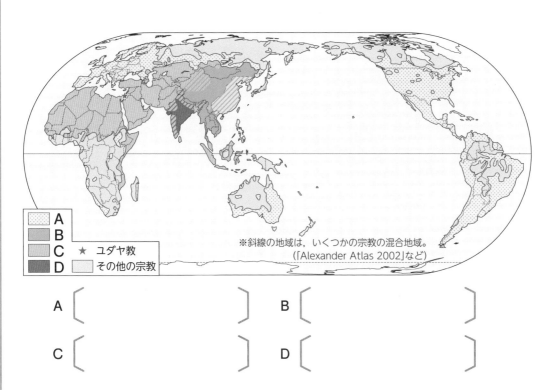

A □□□
B
C
D

★ ユダヤ教
その他の宗教

※斜線の地域は，いくつかの宗教の混合地域。
(「Alexander Atlas 2002」など)

A 〔　　　　　　　　〕　　B 〔　　　　　　　　〕

C 〔　　　　　　　　〕　　D 〔　　　　　　　　〕

2 □□□ にあてはまる語句を書きましょう。

(1) キリスト教徒は，日曜日に〔　　　　　　〕に集まって祈りをささげます。

(2) イスラム教徒は，1日に5回，聖地〔　　　　　　　〕に向かって祈りをささげます。また，〔　　　　　　　　　　〕を飲むことや，

〔　　　　　　〕肉を食べることが禁止されています。

(3) ヒンドゥー教徒は，〔　　　　　　　〕を神聖なものとして大切にしています。

☺ ポイント 三大宗教とヒンドゥー教は，信者が多い地域や国をしっかり押さえておくこと。

3章 世界各地の人々の生活と環境

1 世界各地の人々の生活について，次の地図を見て，あとの問いに答えましょう。

【(1)は各7点，(2)は各5点　計50点】

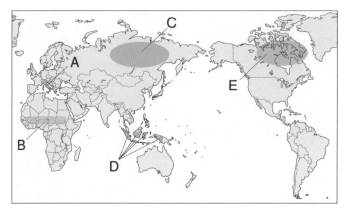

(1) A〜Eの地域でみられる自然や人々の生活について述べた文を，次のア〜オからそれぞれ選び，記号で答えなさい。

ア 古くから住むイヌイットが狩りや漁をして生活してきた。彼らは町に定住するようになり，主な移動手段は犬ぞりからスノーモービルに変わった。

イ 一年中緑の葉が茂る熱帯雨林がみられ，スコールと呼ばれる突然の強い雨が短時間降ることがある。

ウ 一年中温暖な気候。乾燥する夏にぶどうやオリーブを栽培し，どちらも料理に欠かせないものとなっている。

エ もみやからまつの仲間からなるタイガ（針葉樹林）が広範囲にみられる。

オ 乾燥した気候で，農業は主にオアシスの周りで行われている。

A〔　　　〕 B〔　　　〕 C〔　　　〕 D〔　　　〕 E〔　　　〕

(2) B，D，Eの地域でみられる伝統的な住居を，次のア〜ウからそれぞれ選び，記号で答えなさい。

(3点とも，Cynet Photo)

ア　　　　　　　　　　イ　　　　　　　　　　ウ

B〔　　　〕 D〔　　　〕 E〔　　　〕

2

世界の気候について，次の文を読み，あとの問いに答えましょう。

【⑴は各3点，⑵は各4点　計28点】

A　一年を通じて雨がほとんど降らず，砂漠が広がる。

B　冬の寒さがとくに厳しく，夏と冬の気温差が大きい。

C　一年を通じて温暖で，夏は乾燥し，冬に雨が多い。

D　一年を通じて気温が高く，降水量もとても多い。

⑴　A〜Dは，それぞれある気候区について述べています。A〜Dの気候区が属する気候帯を次のア〜エからそれぞれ選び，記号で答えなさい。

ア　熱帯　　イ　温帯　　ウ　冷帯（亜寒帯）　　エ　乾燥帯

A〔　　　　　〕　B〔　　　　　〕　C〔　　　　　〕　D〔　　　　　〕

⑵　A〜Dの気候区の雨温図を次のア〜エからそれぞれ選び，記号で答えなさい。

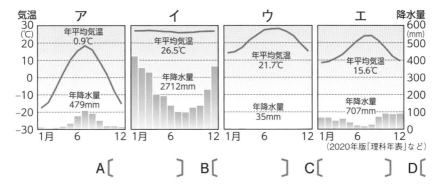

(2020年版「理科年表」など)

A〔　　　　　〕　B〔　　　　　〕　C〔　　　　　〕　D〔　　　　　〕

3

世界の宗教と暮らしについて，次の問いに答えましょう。　【⑴は各5点，⑵は7点　計22点】

⑴　次の①〜③の文が述べている宗教の名を答えなさい。

①　ヨーロッパや南北アメリカに信者が多く，クリスマスなどの行事が有名である。

〔　　　　　　　　　　　　　　　〕

②　東アジアや東南アジアに信者が多く，僧侶へほどこしを行うこともある。

〔　　　　　　　　　　　　　　　〕

③　北アフリカや西アジアに信者が多く，酒は飲まず，豚肉を食べない。

〔　　　　　　　　　　　　　　　〕

⑵　ヒンドゥー教の信者が多いインドでは，牛が街の中を自由に歩く姿がみられます。その理由を簡単に答えなさい。

〔　　　　　　　　　　　　　　　　　　　　　　　　　　　　　　〕

13 アジア州ってどんなところ？①

東アジアには中国，韓国，日本などの国があります。これらの国には共通の文化がみられ，漢字を使用したり，米を主食にしたりしています。稲作や畑作など農業がさかんなだけでなく，工業も発展しています。

【東アジアの国々】

モンゴル
とうもろこし
牧畜
大豆
ペキン
北朝鮮
中国
黄河
小麦
ソウル
東京
日本
ヒマラヤ山脈
韓国
長江
米
さとうきび
（台湾）
ホンコン
・ 経済特区

●韓国

韓国は1960年代から工業化を進め，台湾，ホンコン(香港)，シンガポールと合わせて**アジアNIES**（新興工業経済地域）と呼ばれます。

ハイテク産業がさかん

●中国

中国は人口が14億人を超え，約9割が**漢族**です。工業，経済が発展して「**世界の工場**」と呼ばれてきましたが，沿岸部と内陸部の**経済格差**が問題となっています。

漢族のほかに少数民族も暮らしているんだって。

一人っ子政策	経済特区	大気汚染

子どもは一人まで		（2点とも，Cynet Photo）
人口増加を抑えるために中国で行われていた政策。少子高齢化が進み，廃止された。	中国で，税金面などの優遇をして，外国企業を積極的に受け入れている地区。	急速な経済発展により，中国の大都市（ペキンなど）で環境問題が深刻化している。

基本練習

→ 答えは別冊5ページ

1 ┃ ＿＿＿＿にあてはまる語句を書きましょう。

(1) 中国や韓国，日本は ＿＿＿＿ を主食としています。

(2) 中国とネパールなどとの国境に，＿＿＿＿山脈が連なっています。

(3) 韓国はいち早く工業化が進み，台湾，ホンコンなどとともにアジア

　　＿＿＿＿（新興工業経済地域）の１つに数えられています。

(4) 韓国では，薄型テレビや携帯電話などを生産する

　　＿＿＿＿産業がさかんです。

(5) 中国の人口の約９割を ＿＿＿＿ 族が占めています。

(6) 中国ではかつて人口増加を抑えるために ＿＿＿＿ 政策をとっ

　　ていましたが，廃止されました。

(7) 中国は外国企業を受け入れる ＿＿＿＿ 区を設置して工業化を進

　　め，「世界の ＿＿＿＿ 」と呼ばれるまでになりました。

2 ┃ （　　　）のうち，正しいほうを選びましょう。

(1) 中国の北部を東西に流れる河川は（　長江・黄河　）で，その南を東西に

　　流れる中国で最も長い河川は（　長江・黄河　）です。

(2) 中国の黄河の流域では（　小麦・米　）の生産がさかんで，長江の流域や

　　その南の地域では（　米・大豆　）の生産がさかんです。

☺ 中国を流れる２つの大河は，北から「校（黄河）長（長江）先生」と覚えよう。

アジア州ってどんなところ？②

　東南アジアは**季節風（モンスーン）**の影響で降水量が多い地域です。１つの国の中に多くの民族が暮らします。宗教は国によってさまざまで，タイなどでは**仏教**，マレーシアやインドネシアでは**イスラム教**，フィリピンでは**キリスト教**の信者が多くいます。

【東南アジアの国々】

ベトナム
ミャンマー
チャオプラヤ川
タイ
カンボジア
バンコク・
フィリピン
米
メコン川
天然ゴム
マレーシア
油やし
・クアラルンプール
油やし
赤道
シンガポール
インドネシア
コーヒー
ジャカルタ

東南アジアには，華人と呼ばれる中国系の人々がたくさん住んでいるよ。流通業など，経済の分野で活躍しているんだって。

●変化する東南アジアの産業や生活

　東南アジアでは，降水量の多さをいかして稲作がさかんで，１年に２度収穫する**二期作**も行われています。近年は工業化も進みました。また，ほとんどの国が参加して，**東南アジア諸国連合（ASEAN）**を結成し，政治的・経済的な結びつきを強めています。

プランテーション	外国企業の進出	都市問題が発生

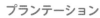

油やし

（Cynet Photo）

植民地時代に開かれたプランテーション（大農園）で，油やしなどを栽培している。

（朝日新聞社／Cynet Photo）

工業団地をつくって外国企業をまねき，自動車などの製品を生産して輸出している。

（Cynet Photo）

都市の人口が急増し，交通渋滞が発生。生活環境の悪いスラムも形成される。

1 ☐ にあてはまる語句を書きましょう。

(1) 東南アジアは ☐ の影響で降水量が多

く，これをいかして稲作がさかんで，1年に2度米を収穫する ☐

が行われているところもあります。

(2) 東南アジアには ☐ と呼ばれる中国系の人々が多く住んでいます。

(3) 東南アジアの国々は，政治的・経済的な結びつきを強めるため，

☐ を結成しています。

(4) 植民地時代に開かれた大農園の ☐ では，油

やしや天然ゴム，コーヒーなどが栽培されています。

(5) 近年，東南アジアでは都市の人口が急増し，生活環境の悪い

☐ が形成されるなど，都市問題が発生しています。

2 （　　）のうち，正しいほうを選びましょう。

(1) ベトナムなどを大河の（ ガンジス川・メコン川 ）が流れています。

(2) タイは（ 仏教・キリスト教 ），マレーシアやインドネシアは

（ ヒンドゥー教・イスラム教 ），フィリピンは（ 仏教・キリスト教 ）

の信者が多くいます。

😊 🤖 **1** (3) 東南アジアの国々が結成している組織の略称をしっかり書けるようにしておくこと。

15 アジア州ってどんなところ？③

南アジアにあるインドは人口が13億人を超え、いずれは中国を抜いて世界一になると予測されています。西アジア・中央アジアは乾燥した気候で、**砂漠**が広がっています。

●急速に発展する南アジア

近年、インドは外国企業を積極的に受け入れるなどして工業化を進め、経済も著しい発展をとげています。インドの国民の約8割は**ヒンドゥー教徒**です。

【南アジアの国々】

【インドのICT（情報通信技術）産業】

アメリカとの時差をいかし、南部の都市ベンガルールなどでICT産業が発展した。

●資源にめぐまれた西アジア・中央アジア

西アジアのペルシア湾岸は世界有数の**石油**の産出地で、産油国は**石油輸出国機構（OPEC）**を結成しています。中央アジアは、天然ガスや**レアメタル**などが豊富です。

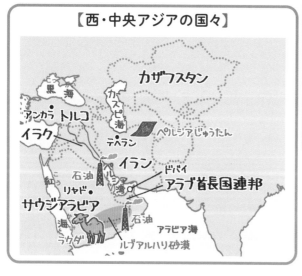

【西・中央アジアの国々】

(Cynet Photo)

アラブ首長国連邦のドバイ

石油の輸出で得たお金を使って、ホテルや別荘を備えた人工島をつくるなど、観光業にも力を入れているよ。

基本練習

➡ 答えは別冊5ページ

1 ⬚ にあてはまる語句を書きましょう。

(1) インドの人口は13億人を超えていて，いずれは ⬚ を抜いて世界一になると予測されています。

(2) インドの国民の約8割は ⬚ 教を信仰（しんこう）しています。

(3) インド南部の都市のベンガルールでは，アメリカとの ⬚ をいかし，⬚ （情報通信技術）産業がさかんです。

(4) 西アジアや中央アジアは乾燥した気候で，⬚ が広がります。

(5) 西アジアの ⬚ 湾岸は世界有数の石油の産出地で，周辺国が中心となって石油輸出国機構（ ⬚ ）を結成しています。

(6) 中央アジアの国々では，石油や石炭，天然ガスのほかに，⬚ と呼ばれる希少金属が豊富に産出します。

2 （ ）のうち，正しいほうを選びましょう。

(1) （ ガンジス川・チャオプラヤ川 ）はインドやバングラデシュなどを流れ，（ メコン川・インダス川 ）はパキスタンなどを流れています。

(2) ガンジス川の上流域では（ 米・小麦 ），下流域では（ 米・小麦 ）の栽培（さいばい）がさかんです。

😊 ポイント インドでICT産業が発展した背景には，英語や数学の教育水準の高さがある。

16 ヨーロッパ州ってどんなところ？①

ヨーロッパ州の大部分は日本よりも高緯度ですが，暖流の**北大西洋海流**と，その上を吹く**偏西風**の影響により，比較的温暖な気候です。大西洋や北海に面した地域は冬も寒さが厳しくない**西岸海洋性気候**，地中海沿岸の地域は夏に乾燥する**地中海性気候**です。

【ヨーロッパの国々】

(Cynet Photo)

フィヨルド

フィヨルドは細長く奥行きのある湾で，氷河が大地を削ってできた谷に，海水が入り込んでつくられた地形だよ。

●ヨーロッパ州の文化

民族と言語は北西部の**ゲルマン系**，南部の**ラテン系**，東部の**スラブ系**の３つに分かれます。宗教は**キリスト教**の信者が多く，プロテスタント，カトリック，正教会という宗派があります。

主な言語の「おはよう」

●ヨーロッパ州の農業

ヨーロッパでは，各地で地形や気候に合った農業が行われています。

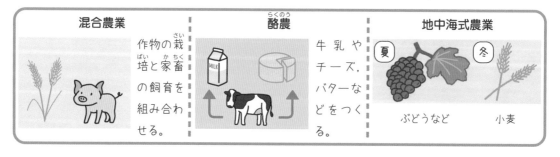

1章 2章 3章 4章 世界の諸地域 5章 6章

1 　　　　にあてはまる語句を書きましょう。

(1) ヨーロッパ州の大部分は，暖流の 　　　　　　 海流と，その上を吹く 　　　　　 風の影響によって，高緯度のわりに温暖な気候です。

(2) 大西洋や北海に面した地域は冬も寒さが厳しくない 　　　　　　 性気候，地中海沿岸の地域は 　　　　　 に乾燥する地中海性気候です。

(3) ヨーロッパの南部には，険しい 　　　　　　 山脈が連なります。

(4) ヨーロッパ北部のスカンディナビア半島には，　　　　　　 と呼ばれる細長く奥行きのある湾がみられます。

(5) ヨーロッパは 　　　　　　 教の信者が多い地域です。

(6) 主に乳牛を飼育し，牛乳やチーズ，バターなどの乳製品を生産する農業を 　　　　　 といいます。

2 （　　　）のうち，正しいほうを選びましょう。

(1) ヨーロッパの北西部では（　ラテン・ゲルマン　）系言語，南部では（　ラテン・ゲルマン　）系言語，東部ではスラブ系言語が使われています。

(2) （　混合・地中海式　）農業は，家畜のえさになる作物の栽培と家畜の飼育を組み合わせた農業，（　混合・地中海式　）農業は，乾燥する夏にぶどうやオリーブ，雨が多い冬に小麦を栽培する農業です。

😊 ヨーロッパの大部分が高緯度のわりに温暖な理由はよく問われる。

17 ヨーロッパ州ってどんなところ？②

ヨーロッパの国々は政治的・経済的な結びつきを強めるため，1967年には**ヨーロッパ共同体（EC）**をつくり，1993年には**ヨーロッパ連合（EU）**に発展しました。現在，多くの国がEUに加盟していますが，加盟国間の**経済格差**などが問題となっています。

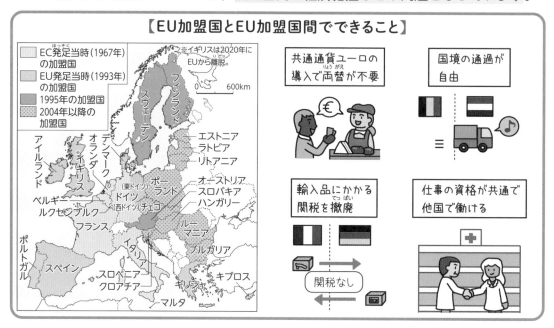

【EU加盟国とEU加盟国間でできること】

●ヨーロッパ州の工業

　ヨーロッパの国々は，各国の企業が共同で企業をつくり，国際的な分業で航空機を生産しています。航空機のほかにも，医薬品や自動車の生産など**ハイテク（先端技術）産業**が発達しています。

航空機の分業生産

●ヨーロッパ州の環境対策

　ヨーロッパでは工業の発展に伴い，**酸性雨**などの環境問題が起こりました。現在は環境対策を進め，繰り返し利用することができる**再生可能エネルギー**を積極的に導入しています。

【主な再生可能エネルギー】

風力発電　　バイオマス発電

家畜の糞尿を発酵させる。

（2点とも，Cynet Photo）

1 □ にあてはまる語句を書きましょう。

(1) ヨーロッパ連合に加盟している国々の多くは共通通貨の □ を導入しています。また,輸入品にかかる □ 税が撤廃されています。

(2) ヨーロッパ連合の課題の1つに,西ヨーロッパの国々と東ヨーロッパの国国で国民総所得に開きがあるなど, □ の問題があります。

(3) ヨーロッパでは航空機や医薬品,自動車などをつくる □ 産業が発達しています。

(4) ヨーロッパの国々では,森林を枯らせたり,湖や川の水質を悪くしたりする □ 雨が環境問題となりました。

(5) 風力や太陽光などの繰り返し利用することができ,環境にやさしいエネルギーを □ エネルギーといいます。

2 ( )のうち,正しいほうを選びましょう。

(1) ヨーロッパの国々は政治的・経済的な結びつきを強めるため,1967年に(EC・EU),1993年には(EC・EU)を結成しました。

(2) (原子力・バイオマス)発電は,家畜の糞尿などを発酵させたガスを利用して発電しています。

😊 EUの主な政策と課題をしっかり確認しておくこと。

18 アフリカ州の自然・歴史・産業
アフリカ州ってどんなところ?

　アフリカ州は，地中海をはさんでヨーロッパ州の南にあります。北部に世界最大の**サハラ砂漠**が広がり，その東を北に向かって世界最長の**ナイル川**が流れています。気候は，赤道付近が熱帯で，南北に行くにつれて乾燥帯，温帯が広がっています。

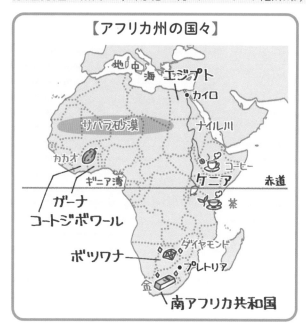

【アフリカ州の国々】

サハラ砂漠

●アフリカ州の歴史

　16世紀以降，アフリカの多くの人が**奴隷**として南北アメリカ大陸に送られました。19世紀末までに，広い地域がヨーロッパ諸国の**植民地**になりました。

●アフリカ州の産業と課題

　アフリカ州の多くの国は，特定の鉱産資源や農作物の輸出に頼る**モノカルチャー経済**となっていて，国の収入が不安定なためあまり発展できていません。そこで，先進国や**非政府組織（NGO）**によるさまざまな支援や援助が行われています。

プランテーション農業	豊富な鉱産資源	スラムや食料不足
	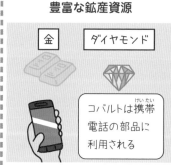	
カカオはチョコレートの原料	金　ダイヤモンド　コバルトは携帯電話の部品に利用される	
カカオ，コーヒー豆，茶，綿花などを栽培し，輸出している。	金，ダイヤモンド，銅，レアメタル（コバルトなど）が産出。	都市に人口が集中し，スラムを形成。食料不足も深刻。

基本練習

答えは別冊6ページ

1 ☐ にあてはまる語句を書きましょう。

(1) アフリカ州の北部には，世界最大の ☐ 砂漠が広がり，その

東を北に向かって世界最長の ☐ 川が流れています。

(2) アフリカ州の広い地域は，19世紀末までに，ヨーロッパの国々の

☐ 地になりました。

(3) 国の収入が特定の鉱産資源や農作物の輸出に頼っている状態を

☐ 経済といいます。

(4) アフリカ州の国々は，☐ と呼ばれる非政府組織や先進国から，

さまざまな支援や援助を受けています。

(5) コートジボワールやガーナでは，チョコレートの原料となる ☐

の栽培がさかんで，重要な輸出品となっています。

(6) アフリカ州の国々は鉱産資源が豊富で，近年は携帯電話(けいたい)の部品などに使わ

れる ☐ が注目を集めています。

2 （ ） のうち，正しいほうを選びましょう。

(1) アフリカ州の気候は，赤道付近が（ 熱・乾燥 ）帯となっていて，南北

に行くにつれて，（ 乾燥・冷 ）帯，温帯が広がっています。

(2) 南アフリカ共和国では（ 石油・金 ）が豊富に産出します。

😊 ⚡ カカオはギニア湾岸(わんがん)の国々でさかんに栽培されている。

19 北アメリカ州ってどんなところ？

北アメリカ州の自然・民族・結びつき

北アメリカ州は，北アメリカ大陸と西インド諸島からなり，大陸西部には険しい**ロッキー山脈**が連なります。熱帯から寒帯までさまざまな気候が広がり，大陸南東部や西インド諸島は，**ハリケーン**（台風に似た熱帯低気圧）で大きな被害が出ることがあります。

【北アメリカ州の国々】

(Cynet Photo)

ロッキー山脈

グレートプレーンズと

プレーリー

グレートプレーンズは高原状の大平原。プレーリーは，たけの長い草が生える草原。どちらも一大農業地帯となっている。

●北アメリカ州の民族

もともと**先住民**が暮らしていた北アメリカ州に，さまざまな地域から**移民**がやってきました。現在，アメリカはヨーロッパ系，アフリカ系，アジア系，**ヒスパニック**（メキシコや中央アメリカなどからの移民）などが暮らす**多民族国家**です。

アメリカへの移民の歴史

●北アメリカ州の結びつき

北アメリカ州のアメリカ，メキシコ，カナダの3か国は，経済的な結びつきを強めるため，アメリカ・メキシコ・カナダ協定（USMCA）を結んでいます。

基本練習

→ 答えは別冊6ページ

1 ☐ にあてはまる語句を書きましょう。

(1) 北アメリカ州は, 北アメリカ大陸と ☐ 諸島からなります。

(2) アメリカ大陸の西部には険しい ☐ 山脈が南北に連なり,

東部にはなだらかな ☐ 山脈が連なっています。

(3) 北アメリカ大陸最長の ☐ 川は, 広大な平原を流れ,

メキシコ湾に注いでいます。

(4) アメリカとカナダの国境付近の湖をまとめて ☐ 湖といいます。

(5) メキシコや中央アメリカなどの国々からアメリカに移住した, スペイン語

を話す人々を ☐ といいます。

(6) アメリカ, メキシコ, ☐ の3か国は, 経済的な結びつきを

強めるために, USMCAと呼ばれる協定を結んでいます。

2 ( ) のうち, 正しいほうを選びましょう。

(1) 北アメリカ大陸の南東部や西インド諸島は, 夏から秋にかけて

(サイクロン・ハリケーン) の被害を受けることがあります。

(2) ロッキー山脈の東には (グレートプレーンズ・プレーリー) と呼ばれ

る高原状の大平原があり, ミシシッピ川の西には

(グレートプレーンズ・プレーリー) と呼ばれる草原があります。

😊 近年, アメリカでは, スペイン語を話すヒスパニックの人口が増加している。

20 アメリカ合衆国(がっしゅうこく)って,どんな国なの?

アメリカは農業がさかんで,少ない人手で広い面積を経営する**企業的な農業**(きぎょうてき)が中心です。工業でも世界をリードしていて,航空宇宙産業など**先端技術産業**(せんたん)がさかんです。

●アメリカの農業

地域ごとに気候や土壌(どじょう)に合った農作物を栽培(さいばい)する**適地適作**が行われています。

大規模な肥育場（フィードロット）

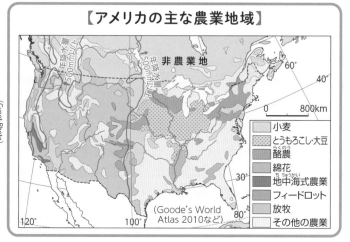

【アメリカの主な農業地域】

非農業地

年降水量500mm以上／500mm以下

(Goode's World Atlas 2010など)

- 小麦
- とうもろこし・大豆
- 酪農
- 綿花
- 地中海式農業(ちゅうかい)
- フィードロット
- 放牧
- その他の農業

0 800km

(Cynet Photo)

●アメリカの鉱工業

航空宇宙産業やバイオテクノロジーなどの新しい工業に力を入れています。北緯(ほくい)37度以南の**サンベルト**が工業の中心です。

シリコンバレー

サンフランシスコ郊外(こうがい)にある,ICT(情報通信技術)(アイシーティー)関連企業(きぎょう)が集中する地区。

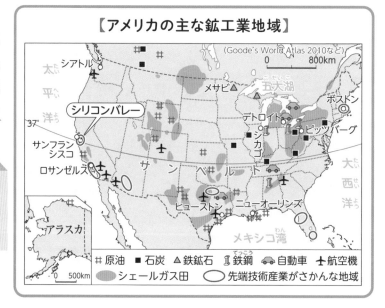

【アメリカの主な鉱工業地域】

(Goode's World Atlas 2010など)

太平洋・大西洋・五大湖・メキシコ湾(わん)

シアトル・メサビ・ボストン・シリコンバレー・デトロイト・ピッツバーグ・サンフランシスコ・シカゴ・ロサンゼルス・サンベルト・ヒューストン・ニューオーリンズ

アラスカ

0 800km
0 500km

- ✚ 原油
- ■ 石炭
- △ 鉄鉱石
- ⚙ 鉄鋼(てっこう)
- 🚗 自動車
- ✈ 航空機
- シェールガス田
- ◯ 先端技術産業がさかんな地域

●アメリカの文化

国土が広大なアメリカは**車社会**です。また,右の絵のような文化がアメリカで生まれ,世界中に広がっています。

野球　ジャズ　ファストフード

基本練習

→ 答えは別冊6ページ

1 □□□にあてはまる語句を書きましょう。

(1) アメリカの農業は，少ない人手で広い面積を経営する [　　　　　]な

農業が中心となっています。

(2) アメリカでは，地域ごとに気候や土壌に合った農作物を栽培する

[　　　　　] が行われています。

(3) アメリカの工業の中心は，北緯37度より南の [　　　　　] と呼

ばれる地域です。

(4) サンフランシスコ郊外にある，[　　　　　] と呼ばれる地

区には，ICT（情報通信技術）関連企業が集中しています。

2 次の地図は，アメリカの主な農業地域を示しています。地図中のA〜D
にあてはまるものを，右のア〜エからそれぞれ選び，記号で答えなさい。

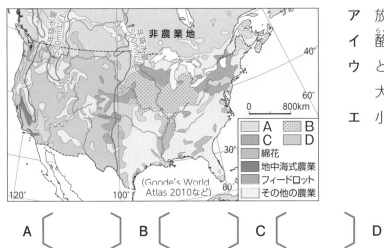

ア 放牧
イ 酪農（らくのう）
ウ とうもろこし・
　 大豆
エ 小麦

A [　　　] B [　　　] C [　　　] D [　　　]

😊 ポイント **2** 五大湖（ごだいこ）周辺で酪農，グレートプレーンズ（ロッキー山脈の東に広がる大平原）などで小麦の栽培がさかん。降水量が少ない西部は放牧が中心。

21 南アメリカ州ってどんなところ？

南アメリカ州の自然・文化・産業

南アメリカ州は南北に長く，西部には**アンデス山脈**が南北に連なります。北部の赤道付近は熱帯で，南に行くほど気温が低くなります。ブラジルは**ポルトガル語**，ほかの多くの国は**スペイン語**が公用語で，これはかつて植民地支配を受けていた名ごりです。

【南アメリカ州の国々】

ベネズエラ
アマゾン川
赤道
ペルー
ブラジル
・ブラジリア
さとうきび
肉牛
コーヒー
パンパ
・ブエノスアイレス
チリ
小麦
ラプラタ川
アルゼンチン
太平洋（たいへいよう）
大西洋（たいせいよう）

(Cynet Photo)

アマゾン川

アマゾン川は重要な交通路で，人や物が船で運ばれているよ。川でとれる魚も大事な食料なんだ。

●南アメリカ州の産業

ブラジルで**さとうきび**や**コーヒー豆**の栽培（さいばい），アルゼンチンで小麦の栽培や肉牛の放牧がさかんです。鉱産資源も豊富で，ブラジルで**鉄鉱石**，チリで**銅**，ベネズエラなどで石油がとれます。いっぽうで，農地や鉱山の開発による熱帯林の減少が問題となっています。

焼畑農業（やきはた）

森林の伐採（ばっさい）と火入れ

10～50年で1サイクル

木や草の成長

作物の収穫（しゅうかく）

灰を肥料に農作物を栽培（さいばい）

アマゾン川流域の熱帯林が広がる地域で行われている。数年で別の場所に移動する。

バイオエタノール（バイオ燃料）

自動車の燃料に利用。環境（かんきょう）にやさしい。

さとうきびなどの植物を原料とする燃料

ブラジルでは，再生可能エネルギーの1つである，バイオエタノールの生産がさかん。

基本練習

→ 答えは別冊7ページ

1 　　　　　にあてはまる語句を書きましょう。

(1) 南アメリカ州の西部には，標高6000 mを超える山々が連なる

　　　　　　山脈があります。

(2) 南アメリカ州の赤道付近を西から東へ流れる　　　　　　　川は流

域面積が世界最大で，重要な交通路でもあります。

(3) ラプラタ川の河口周辺には，　　　　　　と呼ばれる大きな草原が広

がっています。

(4) ブラジルでは　　　　　　語，アルゼンチンでは

　　　　　　語が公用語となっています。

(5) アマゾン川流域の熱帯林が広がる地域では，森林を焼いて畑をつくり，そ

の灰を肥料に農作物を栽培する　　　　農業が行われています。

(6) 　　　　　　　　　　　　は，さとうきびなどの

植物を原料とする燃料で，ブラジルで自動車の燃料として利用されています。

2 （　　　）のうち，正しいほうを選びましょう。

(1) （　ブラジル・チリ　）は，さとうきびやコーヒー豆の栽培がさかんです。

(2) ブラジルでは（　石炭・鉄鉱石　），チリでは（　金・銅　）が豊富に産

出します。

日本はブラジルから鉄鉱石をたくさん輸入していることも合わせて覚えておく。

22 オセアニア州ってどんなところ?

オセアニア州は，オーストラリア大陸と太平洋の島々からなります。太平洋の島々の多くは，火山の噴火で誕生した火山島とさんご礁の島で熱帯の気候です。オーストラリア大陸の広い範囲は降水量が少なく乾燥した気候で，南東部や南西部は温帯の気候です。

【オセアニア州の国々】

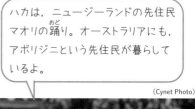

ハカは，ニュージーランドの先住民マオリの踊り。オーストラリアにも，アボリジニという先住民が暮らしているよ。

(Cynet Photo)

ラグビーのニュージーランド代表のハカ

●オーストラリアの産業

オーストラリアは，**小麦**の栽培や**羊・肉牛**の飼育がさかんです。鉱産資源も豊富で，北西部で**鉄鉱石**，東部で**石炭**が産出します。かつては羊毛が輸出の中心でしたが，現在は鉱産資源が上位を占めています。

小麦	肉類

| 1960年 19億ドル | 羊毛 40.5% | 7.7 | 7.2 | その他 |

液化天然ガス	金(非貨幣用)

| 2017年 2302億ドル | 鉄鉱石 21.1% | 石炭 18.8 | 8.5 | 5.9 | その他 |

(2020/21年版「世界国勢図会」など)

オーストラリアの輸出品の移り変わり

●オーストラリアの文化

オーストラリアは，ヨーロッパ系以外の移民を制限する**白豪主義**の政策をとっていましたが，1970年代に撤廃されました。それ以降は，アジア系などの移民が増え，互いの文化を尊重する**多文化社会**が目指されています。

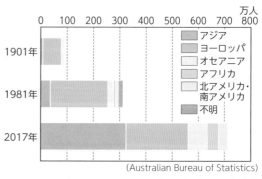

万人

	アジア
	ヨーロッパ
	オセアニア
	アフリカ
	北アメリカ・南アメリカ
	不明

(Australian Bureau of Statistics)

オーストラリアで暮らす移民の出身州

1　□□□にあてはまる語句を書きましょう。

(1)　オセアニア州は，□□□□□□大陸と太平洋の島々からなります。

(2)　オセアニア州に属する太平洋の島々の多くは，火山の噴火で誕生した火山島と□□□□□の島です。

(3)　オーストラリアは□□□□□の栽培がさかんです。また，羊や□□□□□もたくさん飼育されています。

(4)　オーストラリアは，ヨーロッパ系以外の移民を制限する□□□□□主義の政策をとっていましたが，1970年代に撤廃されました。

(5)　近年，オーストラリアではアジア系などの移民が増え，互いの文化を尊重する□□□□□社会が目指されています。

2　（　　　）のうち，正しいほうを選びましょう。

(1)　オーストラリアには（　マオリ・アボリジニ　），ニュージーランドには（　マオリ・アボリジニ　）という先住民が暮らしてきました。

(2)　（　鉄鉱石・石炭　）は主にオーストラリアの北西部で，（　鉄鉱石・石炭　）は主にオーストラリアの東部で産出します。

(3)　現在のオーストラリアの輸出品の中心は（　羊毛・鉱産資源　）です。

😊 ポイント オーストラリアやニュージーランドはイギリスの植民地だった国で，英語が公用語となっている。

答えは別冊15ページ

復習テスト④

得点 ／100点

4章 世界の諸地域

1

アジア州について，次の**A**～**D**の文を読んで，あとの問いに答えましょう。

【各4点　計36点】

A　主にイスラム教が信仰されていて，植民地時代に開かれた ［　①　］ で油やしなどを栽培している。

B　ベンガルールでICT産業が発展していて，国民の多くが ［　②　］ 教徒である。

C　沿岸部に経済特区を設け，発展をとげた。人口の約9割が ［　③　］ 族である。

D　アジアNIESの1つで，携帯電話などを生産する ［　④　］ 産業がさかんである。

(1)　**A**～**D**は，どこの国を説明したものですか。それぞれの国の位置を右の地図中の**ア**～**エ**から選び，記号で答えなさい。

A〔　　　　　〕　B〔　　　　　〕
C〔　　　　　〕　D〔　　　　　〕

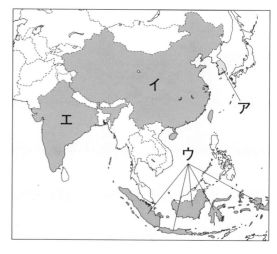

(2)　空欄の①～④にあてはまる語句を答えなさい。

① 〔　　　　　　　　　　　〕
② 〔　　　　　　　　　　　〕
③ 〔　　　　　　　　　　　〕
④ 〔　　　　　　　　　　　〕

(3)　**A**～**D**のうち，東南アジアに含まれる国はどれですか。記号で答えなさい。

〔　　　　　　　〕

2

アフリカ州，北アメリカ州，オセアニア州について，次の問いに答えましょう。

【(1)は14点，ほかは各6点　計32点】

(1)　アフリカ州の多くの国は，モノカルチャー経済となっていて，発展が後れています。モノカルチャー経済とはどんなものですか。簡単に説明しなさい。

〔　　　　　　　　　　　　　　　　　　　　　　　　　　　〕

(2)　右ページの**ア**～**エ**の文は，アメリカ合衆国の自然や産業，民族について説明したものです。誤っているものを1つ選び，記号で答えなさい。

ア アメリカの西部には険しいロッキー山脈が連なり，東部にはなだらかなアパラチア山脈が連なっている。

イ アメリカでは，地域ごとに気候や土壌（どじょう）に合った農作物を栽培する適地適作が行われている。

ウ 現在，アメリカの工業の中心となっているのは，五大湖（ごだいこ）周辺のデトロイトやピッツバーグなど，北緯（ほくい）37度より北のサンベルトと呼ばれる地域である。

エ アメリカはさまざまな民族が暮らす多民族国家だが，中でも近年増加しているのがスペイン語を話すヒスパニックと呼ばれる人々である。

〔 〕

(3) 右のグラフは，オーストラリアの輸出品の移り変わりを示しています。グラフ中の**A**，**B**にあてはまるものを，次の**ア**〜**エ**からそれぞれ選び，記号で答えなさい。

ア 自動車　　**イ** 羊毛
ウ せんい品　　**エ** 鉄鉱石

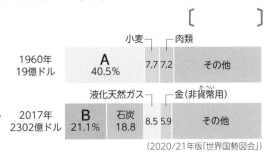

(2020/21年版「世界国勢図会」)

A 〔　　　　　〕 B 〔　　　　　〕

3

ヨーロッパ州，南アメリカ州について，右の地図を見て，次の問いに答えましょう。

【各8点　計32点】

(1) 地図中の多くの国は，政治的・経済的な結びつきを強めるために，1993年に発足した組織に加盟しています。この組織を何といいますか。

〔　　　　　　　　　　　　〕

(2) (1)の組織に加盟している多くの国では，共通通貨が使用されています。この通貨を何といいますか。

〔　　　　　　　　〕

(3) ヨーロッパ州の国々は，かつて南アメリカ州の国々を植民地支配していました。南アメリカ州にある，次の①，②

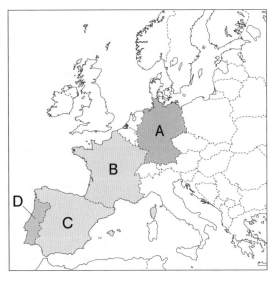

の国を植民地支配していた国を，地図中の**A**〜**D**からそれぞれ選び，記号で答えなさい。

①　アルゼンチン〔　　　　〕　　②　ブラジル〔　　　　〕

23 地形図って何？

地形図とは，土地の使われ方や施設の位置，土地の起伏などを詳しく表した地図です。代表的な地形図として，縮尺が**5万分の1**と**2万5千分の1**の2つがあります。

【縮尺が異なる地形図の比較】

5万分の1地形図「松本」　　2万5千分の1地形図「松本」

2万5千分の1の地形図のほうが，より詳しい情報を読み取れるね！

●縮尺と実際の距離の求め方

実際の距離を地形図上でどのくらい縮めたかの割合を，**縮尺**といいます。これを利用して地形図上の長さから，実際の距離を求めることができます。

【実際の距離の求め方】

実際の距離＝地形図上の長さ×縮尺の分母

$\dfrac{1}{50000}$　$\dfrac{1}{25000}$

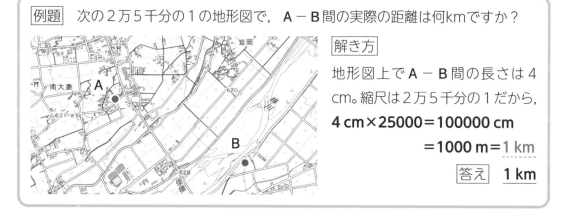

|例題| 次の2万5千分の1の地形図で，A－B間の実際の距離は何kmですか？

|解き方|

地形図上でA－B間の長さは4cm。縮尺は2万5千分の1だから，

4cm×25000＝100000cm

＝1000m＝<u>1km</u>

|答え|　<u>1km</u>

1 □ にあてはまる語句や数字を書きましょう。

(1)　代表的な地形図として，縮尺が5万分の1と □ 千分の1の

地形図の2つがあります。

(2)　地形図上で，実際の距離をどのくらいの割合で縮めたかを示した数字を

□ といいます。

(3)　実際の距離は，地形図上の長さ× □ で求めます。

2 地形図を見て，次の問いに答えましょう。

(1)　次の地形図で，A－B間の実際の距離は何mでしょうか。（地形図の縮尺

は2万5千分の1です）

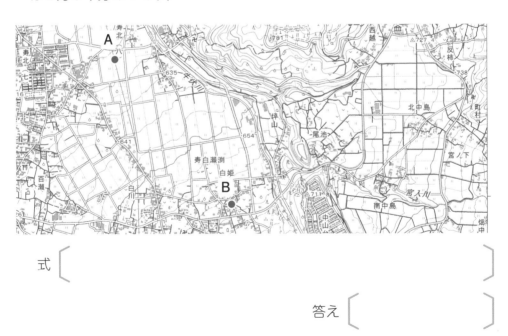

式 〔　　　　　　　　　　　　　　　　　　　　　　　　　〕

答え 〔　　　　　　　〕

😊 ミス注意 **2** (1) 実際の距離を求めるときは，単位の換算（かんさん）に気をつけよう。1 mは100 cm。

24 地形図ってどうやって見るの？

　地形図には，等高線や地図記号が示されています。等高線は同じ高さのところを結んだ線で，下の表のような種類があります。等高線の間隔から土地の傾斜を読み取ることもできます。地形図上の方位は，**上が北**になっています。

●等高線の種類と間隔

線の種類　　　縮尺		$\dfrac{1}{50,000}$	$\dfrac{1}{25,000}$
計 曲 線	⌒	100 mごと	50 mごと
主 曲 線	⌒	20 mごと	10 mごと
補助曲線	‑‑‑	10 mごと	5 m 2.5 m ごと
	⋯⋯	5 mごと	‑

●等高線と土地の傾斜

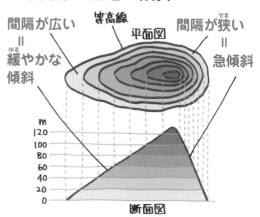

●主な地図記号

　地図記号は建物・施設や土地利用の様子，鉄道・道路などをわかりやすい記号で表したものです。関連のあるものを図案化した記号が多くあります（神社の鳥居など）。

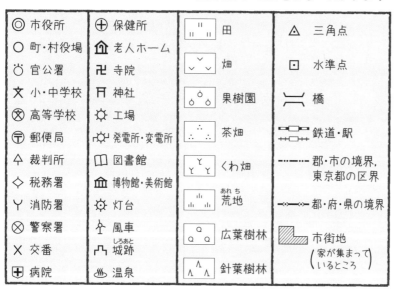

寺院と神社の地図記号などは，まちがえやすいので気をつけようね！

060

基本練習

→ 答えは別冊7ページ

1 　　　　にあてはまる語句や数字を書きましょう。

(1) 地形図上に引かれた，同じ高さのところを結んだ線を 　　　　 と

いいます。

(2) (1)の線のうち，主曲線は，2万5千分の1の地形図では 　　　　 m

ごと，5万分の1の地形図では 　　　　 mごとに引かれています。

(3) (1)の線の間隔が広ければ傾斜が 　　　　 で，間隔が狭ければ傾斜

が 　　　　 となります。

(4) 地形図上の方位は，上が 　　　　 になっています。

(5) ◎ の地図記号は 　　　　 ，〒 の地図記号は 　　　　

を表しています。

(6) 📖 の地図記号は 　　　　 ，🏠 の地図記号は

　　　　 を表しています。

2 （　　　）のうち，正しいほうを選びましょう。

(1) 卍 の地図記号は（　神社・寺院　），🌳 の地図記号は（　神社・寺院　）

を表しています。

(2) ⋀ の地図記号は（　広葉樹林・針葉樹林　），⋀ の地図記号は

（　広葉樹林・針葉樹林　）を表しています。

😊 📝 **1** (6) 本を開いた形と，建物の中にお年寄りのつえがある様子を図案化した地図記号である。

25 日本の地形の特色は？

日本は地震や火山活動が活発な**造山帯（変動帯）**にあり，国土の約４分の３を山地が占めます。日本の川は世界の川と比べて傾斜が急で，流域面積が狭いのが特徴です。

【２つの造山帯と火山・地震の分布】

- 険しい山脈・山地
- ▲ 主な火山
- ∴ 主な地震の震源地

(Diercke Weltatlas 2008，など)

主な造山帯は日本が属する**環太平洋造山帯**と**アルプス・ヒマラヤ造山帯**の２つ。

●日本の山地・山脈

日本列島の中央部には**日本アルプス**（飛騨・木曽・赤石山脈）があり，標高3000ｍ級の険しい山々が連なります。その東に南北に延びる**フォッサマグナ**を境に，本州の東部と西部では，地形や岩石の特徴に大きな違いがみられます。

【日本の主な山地と火山】

- ― 主な山地・山脈
- ▲ 主な火山
- 0　400km

日高山脈
越後山脈
奥羽山脈
フォッサマグナ
飛騨山脈
中国山地
筑紫山地
関東山地
富士山
赤石山脈
四国山地
木曽山脈
九州山地
紀伊山地
阿蘇山
桜島
日本海
太平洋

（「理科年表」など）

岩石の色が違っているよ。

(Cynet Photo)

フォッサマグナの断面の様子

フォッサマグナ

大きな溝状の地形で，地盤の割れ目がずれ動いた状態の断層が集中している。

基本練習

→ 答えは別冊8ページ

1 □ にあてはまる語句や数字を書きましょう。

(1) 日本は地震や火山活動が活発な □ にあり，国土の約4分の □ を山地が占めます。

(2) 日本の川は世界の川と比べて傾斜が □ で，流域面積が □ のが特徴です。

(3) 日本列島の中央部には，標高3000ｍ級の山々が連なる，飛驒・木曽・赤石山脈からなる □ があります。

(4) (3)の東に南北に延びる大きな溝状の地形を □ といいます。

2 次の地図中のＡ～Ｅの山地・山脈名を下からそれぞれ選びましょう。

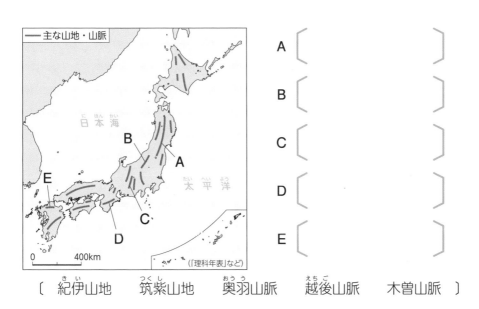

—— 主な山地・山脈

日本海

太平洋

0 400km

（「理科年表」など）

A [   ]

B [   ]

C [   ]

D [   ]

E [   ]

〔 紀伊山地　筑紫山地　奥羽山脈　越後山脈　木曽山脈 〕

😊 ポイント 日本アルプスは，北から南へ飛驒山脈，木曽山脈，赤石山脈の順。

26 日本には，どんな地形があるの？

日本の地形②

平野や**盆地**などの平地は日本の国土の約４分の１を占め，多くの人が住んでいます。平野や盆地には，**扇状地**や**三角州**などの地形がみられます。また，日本にはさまざまな海岸地形が広がり，海岸線がとても長いことも特徴です。

●平野や盆地にみられる地形

扇状地

(Cynet Photo)

扇のような形。川が山から運んできた土砂が谷口に積もってできる。果樹園などに利用。

三角州

(Cynet Photo)

三角形のような形。川が運んだ土砂が河口に積もってできる。水田や住宅地に利用。

海や川沿いの平地よりも高いところに広がる平地を，台地というよ。台地には畑や住宅地が多いんだ！

●さまざまな海岸地形と周りの海

日本の海岸には，砂浜が広がる**砂浜海岸**や岩場が続く**岩石海岸**，さんご礁が発達した海岸，**リアス海岸**などがみられますが，埋め立てなどによる人工海岸も広くなっています。日本の周りの海底には，**大陸棚**や**海溝**などの地形がみられます。

リアス海岸

(Cynet Photo)

切り込みの深い湾と岬が続く，複雑に入り組んだ海岸地形。

【大陸棚と海溝】

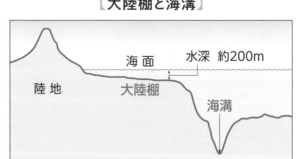

海面　水深　約200m
陸地　大陸棚　海溝

大陸棚は陸地の周りに広がり，水深が200mぐらいまでで平たん。海溝は，深い溝状の海底地形。

基本練習

→ 答えは別冊8ページ

1 ［　　　］にあてはまる語句を書きましょう。

(1) ［　　　　　　　］は，川が山から運んできた土砂が谷口に積もってできる

地形で，扇のような形をしています。

(2) ［　　　　　　　］は，川が運んだ土砂が河口に積もってできる地形で，三

角形のような形をしています。

(3) 日本の海岸には，砂浜が広がる砂浜海岸や岩場が続く［　　　　　］海岸，

切り込みの深い湾と岬が続く［　　　　　　　］海岸などがみられます。

(4) 日本の周りには，水深が200 mぐらいまでで平たんな［　　　　　　　　］

と呼ばれる海底地形が広がっています。また，深さが8000 mを超える，溝

状の［　　　　　　］もみられます。

2 （　　　）のうち，正しいほうを選びましょう。

(1) 写真**A**の地形を（　扇状地・三角州　）といいます。

(2) 写真**B**の地形を（　扇状地・三角州　）といいます。

(3) 写真**C**の地形を（　リアス・砂浜　）海岸といいます。

（3点とも　Cynet Photo）

😊 ポイント 扇状地や三角州，リアス海岸はその形の特徴を写真とセットで押さえておく。

065

27 日本には, どんな気候があるの?

日本の気候

日本は大部分が**温帯**の**温暖湿潤気候**に属し, 四季がはっきりしています。**季節風（モンスーン）**や**海流**の影響を受け, **梅雨**があり, **台風**がよく通るため, 降水量が多いのも特徴です。日本の気候は, 気温・降水量とその変化によって大きく6つに分けられます。

●季節風の向き

●日本周辺の海流

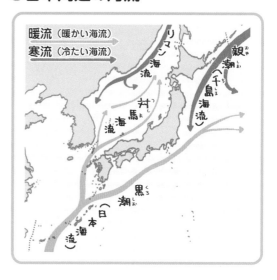

●日本の気候区分と各地の雨温図

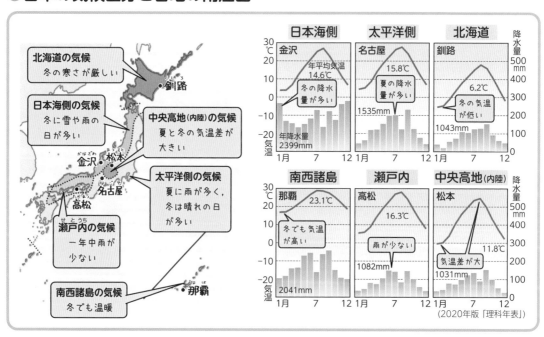

(2020年版「理科年表」)

1 □ にあてはまる語句を書きましょう。

(1) 夏と冬で吹く向きが大きく変わる風を

　　　　　　　　　　　　　　　　といいます。

(2) (1)の風は，夏には，□ の方向から日本列島に吹き，

　　　　　　　　　側の地域に大量の雨を降らせます。

(3) □ は太平洋側を南から北へ流れる暖流で，

　　　　　　　　　　　は太平洋側を北から南へ流れる寒流です。

2 次のA～Cの雨温図は，どの気候に属しますか。下からそれぞれ選びましょう。

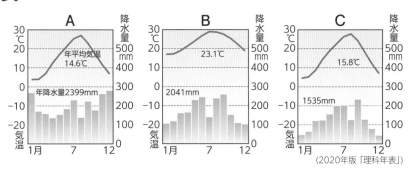

(2020年版「理科年表」)

```
｜　瀬戸内の気候　　　　太平洋側の気候　｜
｜　南西諸島の気候　　　日本海側の気候　｜
```

A 〔　　　　　　　〕　　B 〔　　　　　　　〕

C 〔　　　　　　　〕

😊 夏に降水量が多いのは太平洋側，冬に降水量が多いのは日本海側である。

28 日本には,どんな自然災害があるの?

日本では,**地震**や**火山の噴火**がよく起こり,被害が出ることがあります。2011年の東日本大震災では,地震に伴って発生した津波によって大きな被害が出ました。また,梅雨や台風の影響を受けた大雨や強風による気象災害も毎年のように発生しています。

●さまざまな自然災害

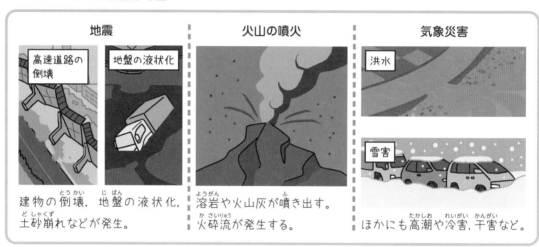

地震	火山の噴火	気象災害
高速道路の倒壊　地盤の液状化		洪水
		雪害
建物の倒壊,地盤の液状化,土砂崩れなどが発生。	溶岩や火山灰が噴き出す。火砕流が発生する。	ほかにも高潮や冷害,干害など。

●自然災害への備えと対応

自然災害による被害を防いだり(**防災**),できるだけ抑えたり(**減災**)するためにさまざまな備えが進められています。自然災害が発生したときは,国などによる公助のほか,自分で自分を守る自助,地域の人たちが協力して助け合う共助が重要になります。

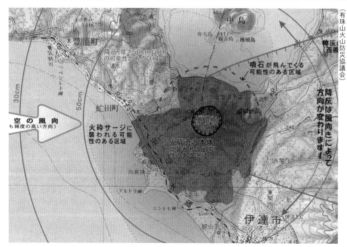

有珠山の火山防災マップ

防災マップは,災害が起こりそうな場所や被害の程度を予測して示した地図だよ。ハザードマップとも呼ばれ,避難場所や避難経路などまで示したものもあるんだ!

1 ［　　　　］にあてはまる語句を書きましょう。

(1) 日本は ［　　　　　　］ がよく起こり，大きなゆれで建物が壊れたり，地盤が液状化したりする被害が出ます。

(2) 海底を震源とする地震が起きると ［　　　　　　］ が発生することがあり，2011年の ［　　　　　　　　］ では，東北地方の太平洋側を中心に大きな被害が出ました。

(3) 夏から秋にかけて，日本は ［　　　　　　］ の通り道になることが多く，大雨や強風，高潮などで被害が出ることがあります。

(4) 自然災害による被害を防ぐことを ［　　　　　　］，被害をできるだけ抑えることを ［　　　　］ といいます。

(5) ［　　　　　　　　　　　　　］ は，災害が起こりそうな場所や被害の程度を予測して示した地図です。

2 （　　　）のうち，正しいほうを選びましょう。

(1) 自然災害が起こったときに，国や都道府県などが行う支援や援助を（　扶助・公助　）といいます。

(2) 自然災害が起こったときに，自分で自分を守る行動を（　共助・自助　），地域の人たちで助け合う行動を（　共助・自助　）といいます。

😊 ポイント 地震は建物が壊れるだけでなく，津波や地盤の液状化などの被害も引き起こす。

復習テスト ⑤ ☺

得点

／100点

5章 日本の地域的特色

1

右の２万５千分の１の地形図を見て，次の問いに答えましょう。　　【各5点　計30点】

(1)　「ひがしかしわざき」駅から見た「潮風公園」の方位を，八方位で答えなさい。

〔　　　　　　　　　〕

(2)　地形図中にある次の地図記号が表しているものを，下の**ア～オ**からそれぞれ選び，記号で答えなさい。

① 文〔　　　　〕　② 〒〔　　　　〕

③ ✕〔　　　　〕　④ 卄〔　　　　〕

ア 寺院　　**イ** 神社　　**ウ** 交番　　**エ** 小・中学校　　**オ** 郵便局

(3)　A－B間の実際の距離（きょり）は何mですか。　　　　〔　　　　　　　　　〕

2

日本の地形について，右の地図を見て，次の問いに答えましょう。

【(3)は10点，ほかは各8点　計34点】

(1)　地図中の**X**の３つの山脈には，3000 m級の山々が連なっています。この３つの山脈をまとめて何といいますか。

〔　　　　　　　　　〕

(2)　次の①と②の文は，右ページの写真**A**と**B**を説明したものです。写真の風景は，地図中の**A**と**B**でみられます。それぞれにあてはまる地形名を答えなさい。

①　**A**は，川が山から運んできた土砂（どしゃ）が谷口に積もってできた地形である。果樹園などに利用されている。

〔　　　　　　　　　〕

②　Bは，川が運んだ土砂が河口に積もってできた地形である。水田や住宅地に利用されている。

(3)　地図中の**Y**や**Z**には，リアス海岸と呼ばれる海岸地形がみられます。リアス海岸の特徴を簡単に答えなさい。

〔　　　　　　　　　　　　　　　　　　　　　　　　　　〕

3

日本の気候や自然災害について，右の地図を見て，次の問いに答えましょう。

【各6点　計36点】

(1)　冬の季節風の向きを示しているのは，地図中の**X**，**Y**のどちらですか。

〔　　　　　　〕

(2)　地図中の**A**～**D**の都市が属する気候の特徴にあてはまるものを，次の**ア**～**エ**からそれぞれ選びなさい。

ア　夏は雨がたくさん降り，冬は晴れの日が多くなる。

イ　冬の寒さが厳しく，梅雨がない。

ウ　一年中雨が少なく，冬もわりと暖かい。

エ　冬に雪や雨の日が多い。

A〔　　　　　〕 B〔　　　　　〕
C〔　　　　　〕 D〔　　　　　〕

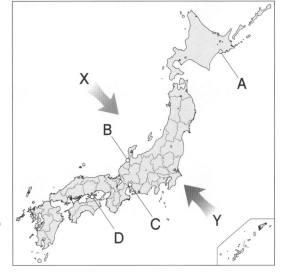

(3)　日本の自然災害について説明した文として，誤っているものを次の**ア**～**ウ**から1つ選び，記号で答えなさい。

ア　火山が多く，噴火で溶岩や火山灰が噴き出したり，火砕流が発生したりする。

イ　夏から秋にかけては，台風が接近して大雨や強風で被害が出ることがある。

ウ　地震が多く，海底を震源とする場合は高潮による被害が出ることがある。

〔　　　　　　〕

29 日本には,どのくらいの人が住んでいるの?

　日本の人口は**約1億2600万人**（2019年）です。子どもの割合が減り,高齢者の割合が増える**少子高齢化**がどんどん進んでいます。また,人口分布にはかたよりがあります。

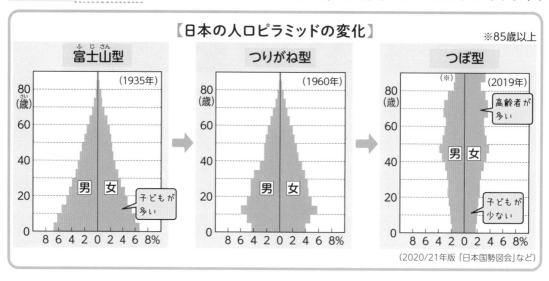

【日本の人口ピラミッドの変化】

※85歳以上

(2020/21年版「日本国勢図会」など)

●過密と過疎が進む地域

　東京・大阪・名古屋の**三大都市圏**や仙台・広島・福岡などの**地方中枢都市**には人口が集中して,過密の状態になっています。いっぽう,農村や山間部などでは,都市部への人口流出が進んで人口が大きく減少し,過疎が問題となっているところがあります。

【日本の人口密度と大都市】

- 3000人/km²以上
- 300～3000人/km²
- 1～300人/km²
- 1人/km²未満
- 資料なし
- ○ 人口100万人以上の都市

(2015年)

0　300km

(平成27年「国勢調査報告」)

過密地域の問題

交通渋滞　　ごみ処理場の不足

過疎地域の問題

学校の閉校　　交通機関の廃止

1 [　　]にあてはまる数字や語句を書きましょう。

(1) 日本の2019年の人口は，約 [　　　　] 億2600万人です。

(2) 日本では，子どもの割合が減り，高齢者の割合が増える

[　　　　　　] 化がどんどん進んでいます。

(3) 日本の人口は東京・大阪・名古屋の [　　　　　] 圏や仙台・広島・

福岡などの地方 [　　　　] 都市に集中しています。

(4) 人口が集中して [　　　　] の状態となっている都市部では，交通渋滞

やごみ処理場の不足などが問題となっています。

(5) 人口が著しく減少して [　　　　] となっている農村や山間部などで

は，学校の閉校や交通機関の廃止で，地域社会の維持が難しくなっています。

2 A～Cは1935年，1960年，2019年のいずれかの日本の人口ピラミッ
ドです。1935年と2019年を示しているものをそれぞれ選びなさい。

1935年 [　　　　] 　2019年 [　　　　]

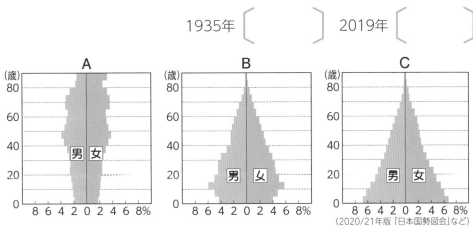

（2020/21年版「日本国勢図会」など）

😊 📝 日本の人口ピラミッドの変化を押さえる。富士山型→つりがね型→つぼ型。

30 日本は,資源やエネルギーをどうやって確保しているの？

日本はエネルギー源や工業製品の原料となる**鉱産資源**のほとんどを輸入に頼っています。発電方法は，かつては**水力発電**が中心でしたが，現在は**火力発電**が中心です。

●主な鉱産資源の輸入先

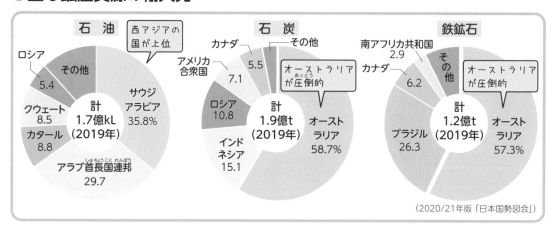

石 油

西アジアの国が上位

ロシア
その他 5.4
クウェート 8.5
カタール 8.8
アラブ首長国連邦 29.7
計 1.7億kL (2019年)
サウジアラビア 35.8%

石 炭

カナダ その他 5.5
アメリカ合衆国 7.1
ロシア 10.8
インドネシア 15.1
計 1.9億t (2019年)
オーストラリアが圧倒的
オーストラリア 58.7%

鉄鉱石

南アフリカ共和国 2.9
カナダ 6.2
その他
ブラジル 26.3
計 1.2億t (2019年)
オーストラリアが圧倒的
オーストラリア 57.3%

(2020/21年版「日本国勢図会」)

●電力の課題と新しい取り組み

火力発電は地球温暖化を進める原因の一つであること，**原子力発電**はその安全性が，問題となっています。また，火力発電の燃料となる石油や石炭には限りがあるため，繰り返し利用することのできる**再生可能エネルギー**の導入が進められています。

【主な発電所の位置】

▲ 水力発電所（最大出力50万kW以上）
● 火力発電所（最大出力200万kW以上）
☆ 原子力発電所
(2017年)
0 300km

水力は山間部
原子力は福井県など
火力は大都市や工業地帯の近く
(「電気事業便覧」など)

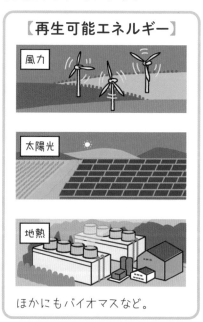

【再生可能エネルギー】

風力

太陽光

地熱

ほかにもバイオマスなど。

基本練習

→ 答えは別冊9ページ

1 　　　　にあてはまる語句を書きましょう。

(1) 石油や石炭，鉄鉱石などのエネルギー源や工業製品の原料となる鉱物を

　　　　　　　　　といいます。

(2) 日本の石油の輸入先は，サウジアラビアやアラブ首長国連邦などの

　　　　　　　アジアの国々が多くを占めています。

(3) 日本の石炭と鉄鉱石の輸入先は，どちらも　　　　　　　　　　　　

が半分以上を占めています。

(4) 火力発電は，　　　　　　　　　　の原因となる二酸化炭素の排出量が

多いことが問題の一つです。

(5) 風力や太陽光，地熱やバイオマスなど繰り返し利用することができるエネ

ルギーを　　　　　　　エネルギーといいます。

2 （　　　）のうち，正しいほうを選びましょう。

(1) 日本ではかつて水力発電が発電の中心でしたが，現在は

（　火力・原子力　）発電が中心となっています。

(2) （　水力・原子力　）発電所は，山間部などに多く分布しています。

(3) （　火力・原子力　）発電所は大都市や工業地帯の近くに多く，

（　火力・原子力　）発電所は福井県などに多く分布しています。

😊 日本の石炭と鉄鉱石の輸入先のグラフは2位の国で見分ける。インドネシアなら石炭，ブラジル
なら鉄鉱石。

31 日本の産業の特色は？

農業・林業・漁業を**第一次産業**，鉱工業・建設業を**第二次産業**，商業・サービス業などを**第三次産業**といい，日本では第三次産業で働く人が全体の70％を超えています。

●日本の第一次産業

日本は**食料自給率**が低い国です。これは貿易の自由化によって，安い外国産の農産物が輸入されるようになったことなどが影響しています。

働く人の高齢化やあとつぎ不足も問題となっているんだ。

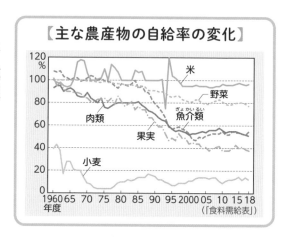

【主な農産物の自給率の変化】

米
野菜
肉類
魚介類
果実
小麦

1960 65 70 75 80 85 90 95 2000 05 10 15 18
年度　　　　　　　　　　　　　　　　（「食料需給表」）

●日本の第二次産業

日本の工業は原材料を輸入して製品を輸出する**加工貿易**で発展してきました。近年は，工場を賃金の安い外国に移転するようになり，国内でものをつくる力が衰える**産業の空洞化**が心配されています。

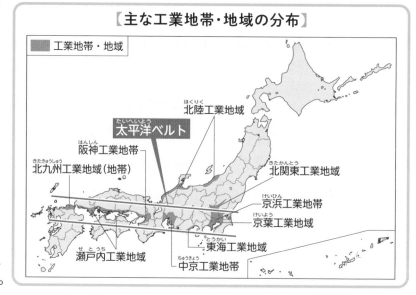

【主な工業地帯・地域の分布】

工業地帯・地域

北陸工業地域
太平洋ベルト
阪神工業地帯
北九州工業地域（地帯）
北関東工業地域
京浜工業地帯
京葉工業地域
東海工業地域
瀬戸内工業地域
中京工業地帯

●日本の第三次産業

インターネットが広まり**ICT（情報通信技術）産業**が発達し，高齢化により医療・福祉サービス業も成長しています。アニメやゲームなどを制作するコンテンツ産業も規模が拡大しています。

介護サービス

コンテンツ産業

1　□□□ にあてはまる語句を書きましょう。

(1)　日本の工業は原材料を輸入して製品を輸出する ＿＿＿＿＿＿ 貿易で発展

してきました。

(2)　近年日本の企業（きぎょう）は，工場を賃金の安い外国に移転するようになり，国内で

ものをつくる力が衰える産業の ＿＿＿＿＿＿ が心配されています。

(3)　日本の主な工業地帯・地域は関東（かんとう）地方から九州（きゅうしゅう）北部の沿岸部に集中してい

て，この地域は ＿＿＿＿＿＿ と呼ばれます。

(4)　愛知県を中心に形成されているのは ＿＿＿＿＿＿ 工業地帯，東京都から

神奈川県にかけて広がるのは ＿＿＿＿＿＿ 工業地帯です。

(5)　インターネットが広まったことで， ＿＿＿＿＿＿ （情報通信技術）産業

が発達しました。

2　（　　　）のうち，正しいほうを選びましょう。

(1)　鉱工業や建設業は，（　第二次・第三次　）産業に分けられます。

(2)　食料自給率とは，国内で消費する食料をどのくらい国内の生産でまかなえ

ているかを示す割合で，日本は食料自給率が（　低い・高い　）国です。

(3)　日本の食料自給率でとくに割合が低いのは（　野菜・小麦　）です。いっ

ぽう，ほぼ自給できているのは（　米・果実　）です。

☺🐙 沿岸部に工業地帯・地域が発達したのは，原材料の輸入や製品の輸出に便利だったから。

32 日本では,どんな交通網が発達しているの?

日本各地には新幹線や高速道路，航空網などの**高速交通網**が整備されています。外国との人や物の輸送では，船による海上輸送と航空機による航空輸送が使い分けられています。また，**高速通信網**が整備されたことで，情報のやり取りもさかんになりました。

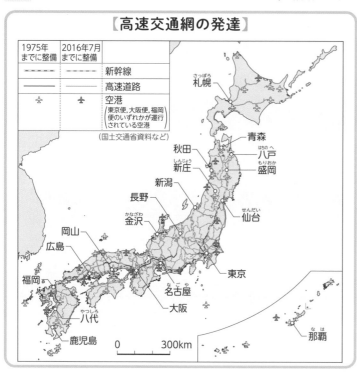

【高速交通網の発達】

1975年まで に整備	2016年7月 までに整備	
		新幹線
		高速道路
		空港 (東京便,大阪便,福岡便のいずれかが運行されている空港)

(国土交通省資料など)

海上輸送

石油，鉄鋼，自動車など，重くてかさばる物を運ぶ。

航空輸送

人のほか，軽くて高価な電子部品や，新鮮さが重要な野菜・生花などを運ぶ。

●交通網の発達による変化

高速道路が整備されたことなどで，国内の輸送の中心は**自動車**になりました。輸送に便利な高速道路のインターチェンジ付近には，**工業団地**や流通団地が建設されました。

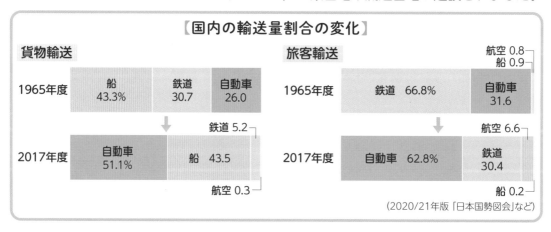

【国内の輸送量割合の変化】

貨物輸送

1965年度	船 43.3%	鉄道 30.7	自動車 26.0
2017年度	自動車 51.1%	船 43.5 鉄道 5.2	航空 0.3

旅客輸送

1965年度	鉄道 66.8%	自動車 31.6 航空 0.8	船 0.9
2017年度	自動車 62.8%	鉄道 30.4 航空 6.6	船 0.2

(2020/21年版「日本国勢図会」など)

1章
2章
3章
4章
5章　日本の地域的特色
6章

1 ◻️ にあてはまる語句を書きましょう。

(1) 日本各地には新幹線や高速道路，航空網などの ◻️ 網が整備されています。

(2) 日本各地に高速道路が整備され，輸送に便利な高速道路のインターチェンジ付近には，◻️ や流通団地が建設されました。

2 （　）のうち，正しいほうを選びましょう。

(1) 外国との間で石油や鉄鋼，自動車などの重くてかさばる物を運ぶときは，主に（　航空機・船　）が利用されています。

(2) 軽くて高価な電子部品や，新鮮さが重要な野菜・生花などを運ぶときは，主に（　航空機・船　）が利用されています。

(3) 次のグラフは，国内の輸送量割合の変化を示しています。グラフ中のAには（　自動車・鉄道　），Bには（　鉄道・船　）があてはまります。

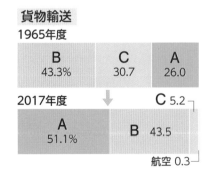
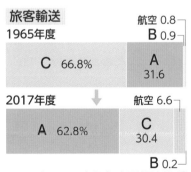

貨物輸送

1965年度
| B 43.3% | C 30.7 | A 26.0 |

2017年度
| A 51.1% | B 43.5 | C 5.2 |
航空 0.3

旅客輸送

1965年度　航空 0.8／B 0.9
| C 66.8% | A 31.6 |

2017年度　航空 6.6
| A 62.8% | C 30.4 |
B 0.2

(2020/21年版「日本国勢図会」など)

 自動車は個別に配送することができ，現在国内輸送の中心となっている。

復習テスト❻

→ 答えは別冊16ページ

得点

／100点

1

日本の人口について，次の問いに答えましょう。

【⑴は10点，⑵は8点　計18点】

⑴　次のA～Cは1935年，1960年，2019年のいずれかの日本の人口ピラミッドです。古いものから順番に記号で並びかえなさい。

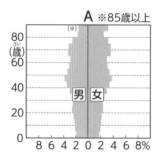
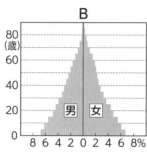
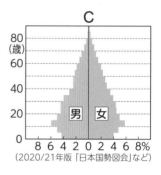

A ※85歳以上

(2020/21年版「日本国勢図会」など)

［　　　　　→　　　　　→　　　　　］

⑵　過密地域の問題として誤っているものを次のア～エから1つ選び，記号で答えなさい。

ア　大気の汚れ　　イ　ごみ処理場の不足　　ウ　学校の閉校　　エ　交通渋滞

［　　　　　　］

2

日本の資源・エネルギーについて，次の問いに答えましょう。

【⑴は各8点，⑵は10点　計34点】

⑴　次のA～Cのグラフは，日本の主な鉱産資源の輸入先を示しています。あてはまる鉱産資源を，下のア～ウからそれぞれ選び，記号で答えなさい。

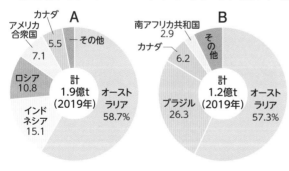
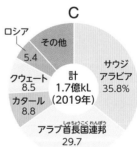

(2020/21年版「日本国勢図会」)

ア　鉄鉱石　　イ　石油　　ウ　石炭

A［　　　　　］B［　　　　　］C［　　　　　］

(2) 日本の発電の中心となっている火力発電の問題点を，簡単に答えなさい。

[   ]

3

日本の産業について，次の問いに答えましょう。 【各6点 計30点】

(1) 日本の食料自給率が低下した理由について正しく述べているものを，次のア～ウから1つ選び，記号で答えなさい。

ア 国内で生産した農産物を外国へたくさん輸出するようになったから。

イ 貿易の自由化により，安い外国産の農産物が多く輸入されるようになったから。

ウ 日本の人口が減少傾向になったから。

[   ]

(2) 次の工業地帯・地域の位置を，右の地図中のA～Dからそれぞれ選び，記号で答えなさい。

① 中京工業地帯

[   ]

② 瀬戸内工業地域

[   ]

③ 京浜工業地帯

[   ]

(3) 主な工業地帯・地域が集中する地図中のXの地域を，何といいますか。

[   ]

4

日本の交通網について，次の問いに答えましょう。 【各6点 計18点】

(1) 主に海上輸送で運ばれるものを，次のア～エから2つ選び，記号で答えなさい。

ア 鉄鋼   イ 電子部品   ウ 野菜   エ 石油

[   ] [   ]

(2) 国内輸送の中心となっているものを次のア～エから1つ選び，記号で答えなさい。

ア 航空機   イ 鉄道   ウ 自動車   エ 船

[   ]

33 九州地方って，どんなところ？①

　九州地方は，日本列島の南西にあります。巨大な**カルデラ**（火山の噴火によってできた大きなくぼ地）をもつ阿蘇山や桜島など**火山**が多く，噴火により被害が出ることがあります。九州南部には，古い火山の噴出物が厚く積もった**シラス台地**が広がっています。

●九州地方の主な地形

桜島の噴火

火山の噴火で火山灰が降ると，人々の生活や農業に被害が出るよ。

●九州地方の気候と自然災害

　九州地方は，近くを流れる暖流の影響で冬でも比較的温暖な気候です。南西諸島の島島の沿岸には，**さんご礁**がみられます。いっぽう，**梅雨**の時期や**台風**の時期にはしばしば集中豪雨によって，洪水や土砂崩れなどの自然災害が発生することがあります。

【自然のめぐみをいかす】

火山のめぐみだよ。

地下の熱水や蒸気をいかした地熱発電もさかん

温泉が多い大分県，美しいさんご礁の海が広がる沖縄県には，多くの観光客が訪れる。

温泉

【自然災害に備える】

台風の暴風雨に備え，のきを低くしたり，石垣で囲んだりしている。

沖縄の古い住居

基本練習

→ 答えは別冊10ページ

1 □ にあてはまる語句を書きましょう。

(1) 九州は火山が多く，中でも阿蘇山は巨大な ［　　　　　　　］（噴火によってできた大きなくぼ地）をもちます。

(2) ［　　　　　　　］台地は九州南部に広がる，古い火山の噴出物が厚く積もってできた台地です。

(3) 福岡県と佐賀県の県境には ［　　　　　　　］川が流れ，その流域には ［　　　　　　　］平野が広がっています。

(4) 佐賀県の南には，［　　　　　　　］海が広がっています。

(5) 南西諸島の沿岸は海水温が高く，美しい ［　　　　　　　］がみられます。

(6) 九州地方は ［　　　　　　　］や台風の時期に集中豪雨となり，洪水や土砂災害などが発生することがあります。

2 （　　　）のうち，正しいほうを選びましょう。

(1) （ 雲仙岳・桜島 ）は鹿児島県の鹿児島市の中心部からすぐ近くにある火山で，（ 霧島山・阿蘇山 ）は鹿児島県と宮崎県にまたがる火山です。

(2) 火山のめぐみによる温泉が多い（ 大分県・福岡県 ）や，美しいさんご礁の海が広がる（ 沖縄県・長崎県 ）には，多くの観光客が訪れます。

😊 九州地方の主な火山とその位置を地図で確認しておくこと。

34 九州地方って, どんなところ？②

筑紫平野では稲作のあとに小麦などを栽培する**二毛作**, 宮崎平野では野菜の**促成栽培**, 南部では**畜産**がさかんです。**北九州工業地域**をはじめ, 各地で工業も発展しています。

●九州地方の農業と漁業

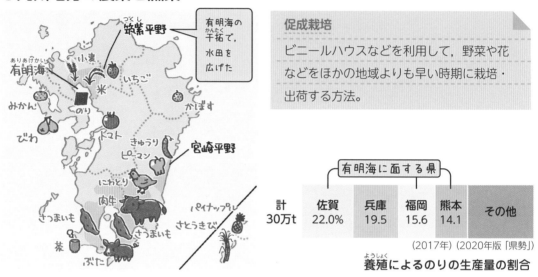

有明海のかんたく干拓で, 水田を広げた

> **促成栽培**
>
> ビニールハウスなどを利用して, 野菜や花などをほかの地域よりも早い時期に栽培・出荷する方法。

有明海に面する県				
佐賀 22.0%	兵庫 19.5	福岡 15.6	熊本 14.1	その他

計 30万t

(2017年) (2020年版「県勢」)

養殖によるのりの生産量の割合

●九州地方の工業の変化

1901年, 北九州市に**八幡製鉄所**が建設され, 鉄鋼業を中心に北九州工業地域が発展しました。その後鉄鋼業は伸び悩み, 現在は**IC (集積回路)** や**自動車**の生産もさかんです。

(Cynet Photo)

北九州市のリサイクル工場

北九州市では公害が深刻だったけど, 環境を改善して今はリサイクルなどに力を入れているよ！

084

基本練習

→ 答えは別冊10ページ

1 ☐ にあてはまる語句を書きましょう。

(1) 宮崎平野では，ピーマンやきゅうりをビニールハウスで育てて，ほかの地域よりも早い時期に出荷する ☐ 栽培がさかんです。

(2) 1901年に八幡製鉄所が建設されたことをきっかけに，☐ 工業地域（地帯）が発展しました。

(3) 九州各地で ☐ と呼ばれる集積回路の生産がさかんです。集積回路は多くの電気製品に使われています。

(4) 福岡県の宮若市や大分県の中津市には大きな ☐ 工場があり，外国にも輸出されています。

(5) 福岡県の北九州市は，使い終わったものを回収して原料に戻し，新たな製品を生産する ☐ に積極的に取り組んでいます。

2 （　）のうち，正しいほうを選びましょう。

(1) 筑紫平野では稲作のあとに小麦などを栽培する（　二毛作・二期作　）がさかんです。

(2) 有明海に面する佐賀県などでは（　のり・かき　）の養殖がさかんです。

(3) 北九州工業地域は（　せんい工業・鉄鋼業　）を中心に発展しましたが，その後伸び悩みました。

😊 ミス注意 **2** (1) 異なる農作物を栽培するのが二毛作，同じ農作物を栽培するのが二期作。

35 中国・四国地方って，どんなところ？①

中国・四国地方の自然と交通網

　中国地方と四国地方は瀬戸内海をはさんで向かい合い，**山陰・瀬戸内・南四国**の３つの地域に分けることができます（→22ページ）。**本州四国連絡橋**の開通や高速道路の整備で各都市の結びつきが強まっていますが，山間部や離島では**過疎化**が進んでいます。

●中国・四国地方の主な地形

讃岐平野のため池

> 瀬戸内は季節風が山地にさえぎられて降水量が少ないため，昔から水不足に悩んできたよ。そこでため池や用水路がつくられたんだ。

●交通網の整備による変化と過疎地域の取り組み

　各都市間の移動時間が短くなったことで，大都市に人が吸い寄せられる**ストロー現象**がみられます。過疎化が進む地域は，**町おこし・村おこし**に取り組んでいます。
（地域おこし）

【本州四国連絡橋の3つのルート】

【町おこし・村おこし】

特産品をさまざまな製品に加工。インターネットで販売。

086

基本練習

→ 答えは別冊10ページ

1 □□□ にあてはまる語句を書きましょう。

(1) 中国地方と四国地方の間には □□□□□ 海が広がっています。

(2) 瀬戸内は降水量が少なく，昔から水不足に悩まされてきたため，香川県の

讃岐平野には多くの □□□□□ や用水路がつくられました。

(3) 本州と四国を結ぶ３つのルートにかかる橋をまとめて

□□□□□□ 橋といいます。

(4) 中国・四国地方の山間部や離島では，人口が大きく減少して □□□□

化が進んでいます。

(5) (4)が進んでいる地域では，特産品をさまざまな製品に加工して通信販売を

するなど，町 □□□□□ ・村 □□□□□ に力を入れています。

(6) 交通網の整備によって各都市間の移動時間が短くなったことで，大都市に

人が吸い寄せられる □□□□□ 現象がみられます。

2 （　　　）のうち，正しいほうを選びましょう。

(1) 中国・四国地方は中国山地より北側の（　山陰・山陽　），瀬戸内海に面

した瀬戸内，四国山地より南側の南四国に分けることができます。

(2) 岡山県と香川県は（　関門橋・瀬戸大橋　），兵庫県の淡路島と徳島県は

（　大鳴門橋・関門橋　）で結ばれています。

🙂 ㊥ **本州四国連絡橋の３つのルートは覚えておくこと。**

36 中国・四国地方って，どんなところ？②

高知平野では野菜の**促成栽培**，愛媛県や瀬戸内海の島々では**みかん**の栽培がさかんです。瀬戸内海の波がおだやかな海域では，魚介類の**養殖**も行われています。また，原料の輸入や製品の輸送に便利な瀬戸内海の沿岸には，瀬戸内工業地域が形成されています。

●中国・四国地方の農業と漁業

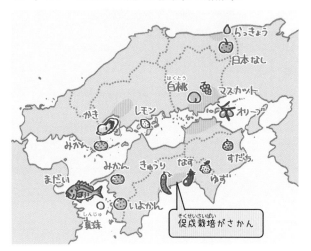

> **養殖（養殖業）**
> 魚や貝（魚介類）をいけすなどで大きくなるまで育ててから出荷する漁業。

> 広島県の養殖かきの生産量は，全国の約60％を占めているよ！

●瀬戸内工業地域の特色

瀬戸内工業地域は，塩田の跡地や遠浅の海岸を埋め立てて形成されました。**石油化学コンビナート**や**製鉄所**が建設され，石油化学工業や鉄鋼業などが発達しています。

(Cynet Photo)

石油化学コンビナート

> 石油精製工場や石油化学工場，火力発電所など関連する工場が結びついて，効率よく生産しているよ。

1 　 ☐ にあてはまる語句を書きましょう。

(1) 瀬戸内海の波がおだやかな海域では，魚や貝を大きくなるまで育ててから

出荷する ☐ が行われています。

(2) 原料の輸入や製品の輸送に便利な瀬戸内海の沿岸には， ☐

工業地域が形成されています。

(3) 石油関連の工場が結びついて効率よく生産している地域を，

☐ といいます。

(4) 岡山県の倉敷市や広島県の福山市には ☐ が建設され，鉄鋼

業が発達しています。

(5) 広島県の広島市とその周辺では ☐ の生産がさかんで，関連

する企業や工場が集中しています。

2 　（ 　 ） のうち，正しいほうを選びましょう。

(1) 高知平野ではきゅうりやなすなどの野菜をほかの地域よりも早い時期に出

荷する （ 抑制 ・ 促成 ） 栽培がさかんです。

(2) 愛媛県や瀬戸内海の島々では （ みかん・りんご ） の栽培がさかんです。

(3) 広島湾では （ かき・わかめ ） の養殖がさかんで，広島県の生産量は全

国の約60％を占めています。

 瀬戸内工業地域の主な工業都市とさかんな工業を押さえておく。

37 近畿地方の自然と都市
近畿地方って，どんなところ？①

　近畿地方は，北は日本海，南は太平洋，西は瀬戸内海に面し，若狭湾沿岸や志摩半島には**リアス海岸**がみられます。中央部は日本最大の湖の<u>琵琶湖</u>があり，**淀川**が流れ出しています。南部は険しい**紀伊山地**が連なり，周辺は日本有数の降水量が多い地域です。

●近畿地方の主な地形

【琵琶湖の水質の悪化】

2008年 → 2013年 → 2018年

（「滋賀の環境2018」など）

透明度(m)
2m未満	2m～3m未満	3m～4m未満
4m～5m未満	5m～6m未満	6m以上

工場廃水や生活排水で水質が悪化。条例を制定して水質改善に取り組む。

●大阪大都市圏と各都市の特徴

　大阪市を中心に，神戸市や京都市にかけては多くの人が住み，**大阪（京阪神）大都市圏**が形成されています。大阪大都市圏では，人口の増加に合わせて1960年代から郊外に**ニュータウン**がつくられましたが，建物の老朽化や少子高齢化が問題となっています。

大阪市	神戸市	京都市

卸売業がさかん。ターミナル駅の梅田などで再開発が進む。	貿易港として発展。丘陵地を削り，臨海部を埋め立てた。	古都。景観を守るため，建物の外観などを規制。

（3点とも，Cynet Photo）

090

1 □□□ にあてはまる語句を書きましょう。

(1) 近畿地方の中央部には日本最大の湖の □□□□ 湖があり，そこから

□□□□ 川が流れ出し，大阪湾に注いでいます。

(2) (1)の湖は工場廃水や生活排水で水質が悪化したため，□□□□ を制

定するなどして水質改善に取り組んでいます。

(3) 近畿地方の南部には険しい □□□□ 山地が連なり，周辺は日本有数

の降水量が多い地域です。

(4) 兵庫県の南部には □□□□ 島があります。

(5) 大阪市を中心に，神戸市や京都市にかけての人口が集中する地域を，

□□□□ 大都市圏といいます。

(6) 1960年代から，大阪府の千里や泉北では住宅団地の開発が進み，

□□□□ が建設されました。

2 （　　　）のうち，正しいほうを選びましょう。

(1) 近畿地方では，北部の（　若狭湾・大阪湾　）沿岸や南東部の

（　房総半島・志摩半島　）にリアス海岸がみられます。

(2) （　神戸市・京都市　）は貿易港として発展した都市で，

（　神戸市・京都市　）はかつて都が置かれ，歴史的な町並みが残っています。

😊 大阪はかつて「天下の台所」と呼ばれ，物流の中心地であったことも押さえておく。

38 近畿地方って, どんなところ？②

和歌山県では果樹栽培がさかんです。大阪湾の沿岸部には<u>阪神工業地帯</u>が形成されていて, 大阪府東部の東大阪市などには高い技術力をもつ**中小企業**の工場があります。

●近畿地方の農業・林業・漁業

【紀伊山地の林業】

（朝日新聞社／Cynet Photo）

木の生育に適した気候で, 古くから林業がさかん。高齢化やあと継ぎ不足が課題。

●阪神工業地帯の変化と伝統産業

阪神工業地帯は明治時代にせんい工業から発展し, 戦後は臨海部に重化学工業が発達しました。その後臨海部は設備の老朽化などが原因で, 工場の閉鎖・移転が進みました。

【伝統産業】

京都府や奈良県では, 優れた**伝統的工芸品**の生産がさかん。

1 □ にあてはまる語句を書きましょう。

(1) 志摩半島の英虞湾では □ の養殖がさかんです。

(2) 紀伊山地は木の生育に適した気候で，古くから □ 業がさかん

です。吉野 □ や尾鷲 □ などの美しい森林が広が

ります。

(3) 大阪湾の沿岸部には □ 工業地帯が形成されています。

(4) 大阪府東部の東大阪市などには，働く人が300人以下の □ 企

業の工場が多く，中には世界的に高い技術力をもつ工場もあります。

(5) 京都府や奈良県では □ 産業がさかんで，清水焼や奈良墨など

の伝統的工芸品がつくられています。

2 （　　） のうち，正しいほうを選びましょう。

(1) 和歌山県では （ ぶどう・みかん ） をはじめ，かき，うめなどの果樹栽

培がさかんです。

(2) 阪神工業地帯は （ 鉄鋼業・せんい工業 ） から発展し，戦後は臨海部に

（ 軽・重化学 ） 工業が発達しました。

(3) 西陣織や清水焼は （ 京都府・奈良県 ） でつくられている伝統的工芸品

です。

😊 🈁 和歌山県が生産量日本一の果樹は覚えておく。

復習テスト⑦

6章 日本の諸地域

1

九州地方について，右の地図を見て，次の問いに答えましょう。　【各4点 計32点】

(1) 地図中の**A～C**の川，海，山の名称をそれぞれ答えなさい。

A〔　　　　　　　〕
B〔　　　　　　　〕
C〔　　　　　　　〕

(2) 地図中の**D**の山には，火山の噴火によってできた大きなくぼ地がみられます。これを何といいますか。

〔　　　　　　　〕

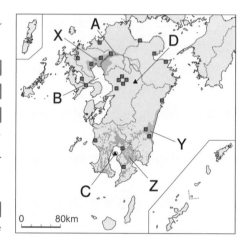

(3) 次の①～③の文は，地図中の**X～Z**のいずれかの地域の農業について述べたものです。あてはまる地域を記号で答えなさい。

① 古い火山の噴出物が厚く積もったシラス台地が広がり，さつまいもの栽培がさかんである。農業用水などが整備され，茶や野菜も栽培されている。
② 稲作のあとに小麦などを栽培する二毛作が行われている。
③ ビニールハウスなどを利用して，ピーマンやきゅうりなどの野菜をほかの地域よりも早い時期に栽培・出荷する促成栽培がさかんである。

①〔　　　　　〕 ②〔　　　　　〕 ③〔　　　　　〕

(4) 地図中の■は何の工場の分布を示していますか。次の**ア～エ**から1つ選び，記号で答えなさい。

ア 自動車　　　**イ** IC（集積回路）　　　**ウ** パルプ・紙　　　**エ** 製鉄所

〔　　　　　〕

2

中国・四国地方について，右ページの地図を見て，次の問いに答えましょう。

【(4)は10点，ほかは各4点 計38点】

(1) 地図中の**A～C**の山地，海，川の名称をそれぞれ答えなさい。

A〔　　　　　　　〕 B〔　　　　　　　〕
C〔　　　　　　　〕

(2) 地図中のDは岡山県倉敷市と香川県坂出市を結ぶ
橋です。この橋の名称を答えなさい。

〔　　　　　　　　　　〕

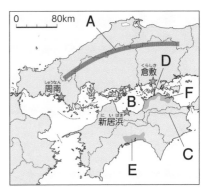

(3) 地図中のEの平野でさかんに栽培されている野菜
を次のア〜カから2つ選び，記号で答えなさい。
　ア　なす　　　　イ　だいこん　　ウ　はくさい
　エ　にんじん　　オ　きゅうり　　カ　レタス

〔　　　　〕〔　　　　〕

(4) 地図中のFの平野には，右の写真のようなため池
が多くみられます。ため池がつくられた理由を，こ
の地域の気候にも触れて簡単に答えなさい。

〔　　　　　　　　　　　　　　　　　　　　　　　〕

(Cynet Photo)

(5) 地図中の★には，石油関連の工場が結びついた地
域があります。この地域を何といいますか。

〔　　　　　　　　　　　　　〕

3

近畿地方について，右の地図を見て，次の問いに答えましょう。　　　【各5点　計30点】

(1) 地図中のA〜Cの湖，川，山地の名称をそれぞれ
答えなさい。

A〔　　　　　　　〕
B〔　　　　　　　〕
C〔　　　　　　　〕

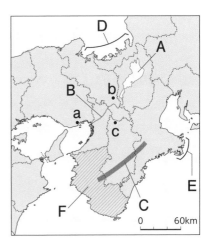

(2) 地図中のDやEの海岸には，複雑に入り組んだ海
岸地形がみられます。この地形を何といいますか。

〔　　　　　　　　　　〕

(3) 貿易港として発展し，丘陵地を削った土で臨海部
を埋め立てて海上空港などがつくられた都市を，地
図中のa〜cから1つ選び，記号で答えなさい。

〔　　　　〕

(4) 地図中のFの県の生産量が全国一でない果樹を次のア〜エから1つ選び，記号で答
えなさい。
　ア　かき　　　イ　うめ　　　ウ　みかん　　　エ　ぶどう

〔　　　　〕

39 中部地方って，どんなところ？①

　中部地方は**北陸**，**中央高地**，**東海**の３つの地域に分けられ（→22ページ），各地域で特色ある工業や農業がみられます。中央高地には**日本アルプス**がそびえます。

●中部地方の主な地形と都市

【名古屋大都市圏】

(Cynet Photo)

名古屋市には国の出先機関や大企業の本社・支社が集まり，周辺地域とともに大都市圏を形成。**東海道新幹線**などで他地域との結びつきも強い。

●中部地方の工業

　東海では，愛知県を中心に**中京工業地帯**，静岡県の沿岸部に**東海工業地域**が形成されています。中央高地では**精密機械工業**，北陸では**伝統産業**などの**地場産業**がさかんです。

地場産業

古くから受け継がれてきた技術を用い，地元産の原材料からさまざまなものをつくる産業。地域との結びつきが強い。

(Cynet Photo)

名古屋港から輸出される自動車

1 □ にあてはまる語句を書きましょう。

(1) 中部地方は □ ，中央高地，東海の３つの地域に分けられます。

(2) 中央高地には，飛騨山脈，木曽山脈，赤石山脈からなる

□ がそびえます。

(3) □ 川は日本一長い川で，下流の新潟県には □ 平野

が広がっています。

(4) 名古屋市は周辺地域とともに名古屋大都市圏を形成し，□

新幹線などで他地域とも強く結びついています。

(5) 愛知県を中心に □ 工業地帯，静岡県の沿岸部に □

工業地域が形成されています。

(6) 古くから受け継がれてきた技術を用い，地元産の原材料からさまざまなも

のをつくる産業を □ 産業といい，北陸の各県などでさかんです。

2 （ ） のうち，正しいほうを選びましょう。

(1) 中京工業地帯の （ 東海・豊田 ） 市では自動車工業，東海工業地域の

（ 富士・浜松 ） 市では楽器やオートバイの生産がさかんです。

(2) 福井県の鯖江市では （ 洋食器・眼鏡フレーム ） の生産がさかんで，全

国の90％以上の生産量を誇ります。

 中京工業地帯の代表的な工業都市は豊田市，東海工業地域の代表的な工業都市は浜松市。

40 中部地方って，どんなところ？②

北陸は豊富な雪どけ水をいかして**稲作**がさかんで，コシヒカリなどの**銘柄米**が有名です。中央高地の甲府盆地などの**扇状地**では果樹栽培，夏でも涼しい野辺山原などの高原では**高原野菜**の栽培がさかんです。冬でも温暖な東海では施設園芸農業がさかんです。

●中部地方の農業と漁業

焼津港でのまぐろの水揚げ

静岡県の焼津港は遠洋漁業の基地で，かつおやまぐろが水揚げされているよ！

　成長を遅らせるなどして，ほかの地域よりも遅い時期に野菜や花を出荷する栽培方法を**抑制栽培**といいます。代表的な抑制栽培として，次の2つがあります。

電照菊の栽培

夜間に照明をつけて日照時間を延ばし，花の開く時期を遅らせる。秋から冬に出荷。

高原野菜の栽培

高原の涼しい気候をいかして，暑さに弱いレタスやはくさいなどの野菜を夏に栽培。

基本練習

→ 答えは別冊11ページ

1 ［　　　　　］にあてはまる語句を書きましょう。

(1) 北陸は豊富な雪どけ水をいかして［　　　　　　　］作がさかんで，コシヒカ

リなどの［　　　　　　　　　］米がつくられています。

(2) 山梨県の甲府盆地には水はけがよい［　　　　　　　　］が広がり，果樹栽培

に適しているため，ももやぶどうの一大産地となっています。

(3) 夏でも涼しい長野県の野辺山原などでは，レタスやはくさいなどの

［　　　　　　　］野菜の栽培がさかんです。

(4) 愛知県の渥美半島などでは，ビニールハウスなどの施設を利用して野菜や

花を栽培する［　　　　　　　　　］農業がさかんです。

(5) 成長を遅らせるなどして，ほかの地域よりも遅い時期に野菜や花を出荷す

る栽培方法を［　　　　　　］栽培といいます。

(6) 愛知県の渥美半島では，夜間に照明をつけて日照時間を延ばし，花の開く

時期を遅らせる電照［　　　　　　　］の栽培がさかんです。

2 （　　　）のうち，正しいほうを選びましょう。

(1) 静岡県の（　焼津・銚子　）港は遠洋漁業の基地となっていて，かつおや

まぐろがたくさん水揚げされます。

(2) 静岡県の牧ノ原は日本一の（　茶・さとうきび　）の産地となっています。

😊 🔖 新潟県は米，山梨県はぶどうともも，静岡県は茶の生産量が日本一であることを覚えておく。

41 関東地方って，どんなところ？①

　関東地方には**関東平野**が広がり，**関東ローム**に覆われた台地と，川沿いには低地がみられます。東京都を中心に周辺の県にまたがる**東京大都市圏**が形成されています。

●関東地方の主な地形と気候

日本最大の平野

流域面積が最大

関東ロームは，火山灰が積もってできた赤褐色の土壌だよ！

ヒートアイランド現象

東京都の中心部では，周りの地域よりも気温が上昇するヒートアイランド現象がみられる。

●日本の首都・東京

　東京は日本の**首都**で，政治や経済，文化の中心地です。**都心**には国会議事堂や最高裁判所があり，ターミナル駅の新宿や渋谷は**副都心**と呼ばれ，都心の機能を補っています。人口が集中し過密状態にあって，通勤ラッシュなどの都市問題が起こっています。

【東京23区の昼間人口と夜間人口】

※（ ）内の数値は夜間人口を1.0としたときの昼間人口の割合。
(2015年)（「国勢調査報告」）

多くの人が周辺地域から都心へ通勤・通学するため，都心では昼間人口が夜間人口よりも多い。

【世界とつながる玄関口】

(Cynet Photo)

写真の**成田国際空港**（千葉県）は，貿易額が日本最大の貿易港。ほかにも，東京とその周辺には日本有数の貿易港があり，世界への玄関口となっている。

1 □ にあてはまる語句を書きましょう。

(1) 関東地方には日本最大の [   ] 平野が広がり，流域面積が日本最大の [   ] 川が流れています。

(2) (1)の平野には，火山灰が積もってできた赤土の [   ] に覆われた台地がみられます。

(3) 高層ビルが集中する東京都の中心部では，周りの地域よりも気温が上昇する [   ] 現象がみられます。

(4) 東京は日本の [   ] で，政治や経済，文化の中心地です。

(5) 東京大都市圏は人口が集中し [   ] 状態にあって，通勤ラッシュなどの都市問題が起こっています。

(6) 千葉県の [   ] 国際空港は日本と世界の空の玄関口となっていて，貿易額は日本最大です。

2 （　　　）のうち，正しいほうを選びましょう。

(1) 国会議事堂や最高裁判所がある地域を（　都心・副都心　）といい，ターミナル駅の新宿や渋谷などは（　都心・副都心　）と呼ばれます。

(2) 都心は，周辺地域に住む多くの人が通勤・通学してくるため，（　昼間・夜間　）人口よりも（　昼間・夜間　）人口が多いです。

😊 郊外の都市では，都心とは逆に昼間人口よりも夜間人口が多い。

42 関東地方って，どんなところ？②

関東地方では**近郊農業**がさかんです。神奈川県・東京都・埼玉県に**京浜工業地帯**，千葉県に**京葉工業地域**，群馬県・栃木県・茨城県に**北関東工業地域**が形成されています。

●関東地方の農業

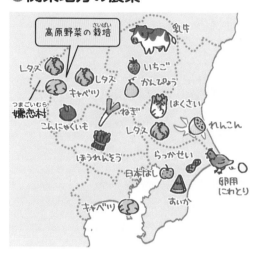

近郊農業

大都市の近くで，大都市向けに新鮮な野菜や果樹を栽培・出荷する園芸農業。茨城県や千葉県などでさかん。

乳牛や卵用にわとりを飼育する畜産もさかんだよ。牛乳や卵は新鮮さが重要だからね！

●関東地方の工業と第三次産業

東京湾の臨海部に広がる**京浜工業地帯**や**京葉工業地域**では，重化学工業が発達しています。東京都では**印刷業**もさかんです。高速道路が整備されたことで内陸部に工場が進出し形成された**北関東工業地域**では，自動車や電気機械などの生産がさかんです。

【さかんな第三次産業】

情報通信技術関連産業

観光業

情報を扱う産業が発達。国内外から多くの人が訪れ，観光業などもさかん。

102

基本練習

→ 答えは別冊12ページ

1 ___ にあてはまる語句を書きましょう。

(1) 関東地方では大都市向けに新鮮な野菜や果樹を栽培・出荷する

□ 農業がさかんです。

(2) 群馬県の嬬恋村では夏でも涼しい気候をいかして，キャベツなどの

□ 野菜の栽培がさかんです。

(3) 栃木県では乳牛，茨城県や千葉県では卵用にわとりを飼育する

□ がさかんです。

(4) 群馬県・栃木県・茨城県は高速道路が整備されたことで自動車や電気機械，

食料品などの工場が進出し，□ 工業地域が形成されました。

2 (　　) のうち，正しいほうを選びましょう。

(1) 神奈川県・東京都・埼玉県には（ 京浜・中京 ）工業地帯，千葉県の東

京湾沿岸には（ 瀬戸内・京葉 ）工業地域が形成されています。

(2) 栃木県では（ かき・いちご ）や（ かんぴょう・こんにゃくいも ）

の栽培がさかんです。

(3) 人口が多く情報も集まる東京都では（ 印刷業・林業 ）がさかんです。

(4) 東京都では情報通信技術（ICT）関連産業や観光業などの第（ 一・三 ）

次産業がとくに発達しています。

😊 ミス注意 **2** (1) 「東京」と「横浜」，「東京」と「千葉」からそれぞれ一文字ずつとって，京浜，京葉と呼ばれる。

43 東北地方って, どんなところ？①

　東北地方は本州の最も北にあります。南北に連なる山地・山脈から大きな川が流れ出し，流域に盆地や平野が広がります。太平洋側の三陸海岸の南部は複雑に入り組んだ**リアス海岸**となっていて，2011年の**東日本大震災**では津波による大きな被害を受けました。

●東北地方の主な地形と気候

> **やませ**
>
> 初夏から夏にかけて東北地方の太平洋側に吹く，冷たく湿った北東からの風。やませが吹くとくもりや霧の日が多くなり，日照時間が減って，稲が十分に育たない冷害が発生することがある。

冬は北西からの季節風の影響で，日本海側は雪や雨の日が多く，太平洋側は雪が少なく晴れの日が多いよ！

●東北地方の民俗行事や伝統行事

　東北地方の各地には地域の自然や生活，文化の影響を強く受けた**民俗行事**や，豊作を祈ったり，収穫に感謝したりする祭りなどの**伝統行事**が受け継がれています。

なまはげ
泣く子はいねが〜
秋田県の民俗行事。

東北三大祭り
青森ねぶた祭
秋田竿燈まつり
仙台七夕まつり

基本練習

→ 答えは別冊12ページ

1 ◻ にあてはまる語句を書きましょう。

(1) 東北地方の中央部には ◻ 山脈が南北に連なっています。

(2) 三陸海岸の南部は複雑に入り組んだ ◻ 海岸となっていて，

2011年の東日本大震災では ◻ による大きな被害を受けました。

(3) 東北地方の太平洋側は初夏から夏にかけて ◻ という冷たく

湿った風が吹き，稲が十分に育たないことがあります。

(4) 秋田県の男鹿(おが)半島には，大みそかの夜に，鬼(おに)の格好をした住民が家々を回

る ◻ という民俗行事が受け継がれています。

(5) 青森県の青森 ◻ 祭，秋田県の秋田 ◻ まつり，

宮城県の仙台七夕(せんだいたなばた)まつりは，東北三大祭りと呼ばれています。

2 （　）のうち，正しいほうを選びましょう。

(1) 岩手県と宮城県には （ 阿武隈(あぶくま)・北上(きたかみ) ） 川が流れ，山形県には

（ 最上(もがみ)・雄物(おもの) ） 川が流れています。

(2) 山形県には （ 庄内(しょうない)・津軽(つがる) ） 平野が広がり，宮城県には

（ 北上・仙台(せんだい) ） 平野が広がっています。

(3) 東北地方の日本海側は，冬に （ 北西・南東 ） からの季節風の影響で雪

や雨が多く降ります。

😊 **ポイント** 東北地方の大きな川（北上川，最上川）と流域の盆地・平野をセットで覚えておく。

44 東北地方って，どんなところ？②

東北地方は日本を代表する稲作地帯で果樹栽培もさかんです。リアス海岸が広がる三陸海岸は波がおだやかなことをいかして養殖がさかんで，沖合には暖流と寒流がぶつかる潮境（潮目）があり，好漁場となっています。近年は工業も発達してきています。

●東北地方の農業

●東北地方の漁業

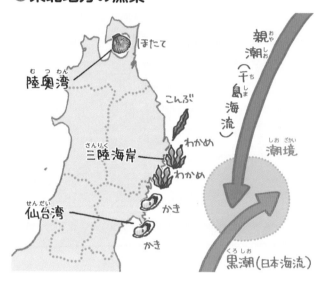

●東北地方の工業

冬の農家の副業として始まった工芸品づくりが現在まで受け継がれ，伝統産業がさかんです。近年は高速道路が整備されたことで，各地に工業団地がつくられました。

【高速道路沿いの工業団地】

(Cynet Photo)

輸送に便利な高速道路のインターチェンジ付近に工業団地ができ，自動車や半導体などの工場が進出。

基本練習

→ 答えは別冊12ページ

1 ［　　　　　］にあてはまる語句を書きましょう。

(1) リアス海岸が広がる三陸海岸は波がおだやかなことをいかして，わかめや

こんぶなどの ［　　　　　　　　　］ がさかんです。

(2) 三陸海岸の沖合には暖流と寒流がぶつかる ［　　　　　　］ があ

り，好漁場となっています。

(3) 東北地方の各地では，冬の農家の副業として始まった工芸品づくりが現在

まで受け継がれ，［　　　　　］ 産業がさかんです。

(4) 青森県の弘前市などでは ［　　　　　　］ 塗，岩手県の盛岡市などでは

［　　　　　］ 鉄器という伝統的工芸品がつくられています。

(5) 東北地方では高速道路のインターチェンジ付近に ［　　　　　　　］ が

でき，自動車や半導体などの工場が進出しました。

2 （　　　）のうち，正しいほうを選びましょう。

(1) 東北地方は日本を代表する（　稲作・畑作　）地帯です。

(2) 山形県は（　パイナップル・さくらんぼ　），青森県は

（　りんご・ぶどう　）の日本一の産地です。

(3) 青森県の陸奥湾では（　はたて・真珠　），宮城県の仙台湾では

（　まだい・かき　）の養殖がさかんです。

😊 栽培がさかんな果樹や養殖がさかんな魚介類はしっかり押さえておく。

107

45 北海道地方って、どんなところ？

　北海道地方は日本の北の端にあり、冬の寒さが厳しい**冷帯**の気候で、寒さをしのぐため家には窓や玄関を二重にする工夫がみられます。先住民の**アイヌの人々**が暮らしてきました。広大な土地をいかした農業や漁業、雄大な自然をいかした観光業がさかんです。

●北海道地方の主な地形と気候

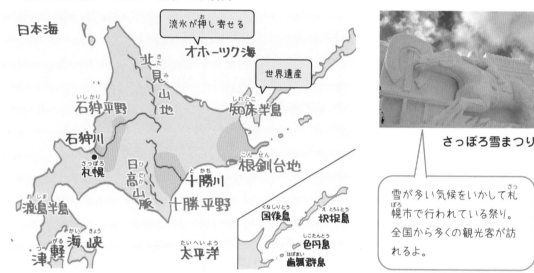

流氷が押し寄せる

世界遺産

さっぽろ雪まつり

雪が多い気候をいかして札幌市で行われている祭り。全国から多くの観光客が訪れるよ。

●北海道地方の農業・漁業・工業

　石狩平野は**客土**などによって**稲作**がさかんになりました。十勝平野で**畑作**、根釧台地で**酪農**が大規模に行われています。**養殖**や**栽培漁業**、食料品工業もさかんです。

客土

ほかの土地から性質の異なる土を運んできて、加えること。

輪作

同じ耕地で、複数の種類の農作物を順番に栽培する方法。土地の栄養が落ちるのを防ぐことができ、十勝平野などで行われている。

108

基本練習

→ 答えは別冊13ページ

1 ____ にあてはまる語句を書きましょう。

(1) 北海道地方は日本の北の端にあり，冬の寒さが厳しい ____

帯の気候です。

(2) 北海道地方の家には，寒さをしのぐために窓や玄関を ____ にす

る工夫がみられます。

(3) 北海道地方では，先住民の ____ の人々が暮らしてきました。

(4) 札幌市では2月に ____ まつりが行われ，全国から多く

の観光客が訪れます。

(5) 石狩平野はほかの土地から性質の異なる土を運んできて加える

____ により土地を改良し，____ 作がさかんになりました。

(6) 十勝平野では畑作がさかんで，複数の種類の農作物を順番に栽培する

____ を行っています。____ 台地では酪農がさかんです。

2 （　　）のうち，正しいほうを選びましょう。

(1) 十勝平野では（　じゃがいも・さつまいも　）の栽培がさかんで，根釧台

地では（　卵用にわとり・乳牛　）がたくさん飼育されています。

(2) 室蘭市では（　自動車・鉄鋼　）の生産，苫小牧市では

（　せんい工業・製紙業　）がさかんです。

😊 石狩平野，十勝平野，根釧台地でさかんな農業を混同しないようにする。

→ 答えは別冊17ページ

得点

／100点

復習テスト⑧

6章 日本の諸地域

中部地方と関東地方について，右の地図を見て，次の問いに答えましょう。

【(7)は10点，ほかは各4点　計50点】

(1) 地図中のAとBの川，Cの平野の名称をそれぞれ答えなさい。

A 〔　　　　　　　〕

B 〔　　　　　　　〕

C 〔　　　　　　　〕

(2) 地図中のDの地域では，夏でも涼しい気候をいかして，ほかの地域よりも遅い時期にキャベツやレタスを出荷しています。このような野菜を何といいますか。

〔　　　　　　　〕

(3) 地図中のEの半島では，右の写真のような施設で夜間に照明をつけ，花の開く時期を遅らせて出荷しています。このような方法でさかんに栽培されている花は何ですか。

〔　　　　　　　〕

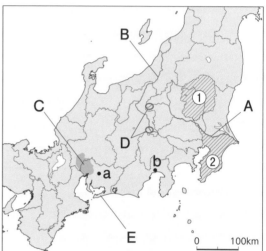

(Cynet Photo)

(4) 関東地方の県でさかんな，大都市向けに新鮮な野菜や果樹を栽培・出荷する園芸農業を何といいますか。

〔　　　　　　　〕

(5) 地図中のa，bの都市でさかんな工業を，次のア～エからそれぞれ選び，記号で答えなさい。

ア　製紙・パルプ工業　　イ　鉄鋼業　　ウ　自動車工業　　エ　造船業

a 〔　　　〕 b 〔　　　〕

(6) 地図中の①，②の県に形成されている工業地域の名称をそれぞれ答えなさい。

① 〔　　　　　　　〕 ② 〔　　　　　　　〕

(7) 東京都の都心部では，夜間人口よりも昼間人口が多くなっています。その理由を簡単に答えなさい。

〔　　　　　　　　　　　　　　　　　　　　　　　　　〕

2 とうほく 東北地方と北海道地方について，右の地図を見て，次の問いに答えましょう。

【各5点 計50点】

(1) 地図中の**A**の山脈，**B**の川の名称をそれぞれ答えなさい。

A [　　　　　　　]

B [　　　　　　　]

(2) 地図中の**C**の平野，**D**の盆地で栽培がさかんな果樹を次の**ア**〜**エ**からそれぞれ選び，記号で答えなさい。

ア さくらんぼ 　　**イ** みかん

ウ パイナップル 　　**エ** りんご

C [　　　] D [　　　]

(3) 地図中の**E**の海域は暖流と寒流がぶつかり，さまざまな魚が集まる好漁場となっています。この海域を何といいますか。

[　　　　　　　　　　]

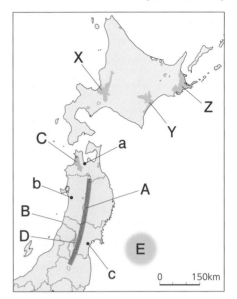

(4) 次の①〜③の文は，地図中の**X**〜**Z**のいずれかの地域の農業について述べたものです。あてはまる地域をそれぞれ記号で選びなさい。

① 大規模な畑作が行われていて，じゃがいもやてんさいなどが栽培されている。土地の栄養が落ちないように，複数の種類の農作物を順番に栽培している。

② 日本を代表する酪農地帯で，多くの乳牛が大規模に飼育されている。とれた牛乳は，チーズやバターなどに加工される。

③ かつては農作物の栽培に適さない土地だったが，ほかの土地から性質の異なる土を運んできて加える客土によって，一大稲作地帯となった。

① [　　　] ② [　　　] ③ [　　　]

(5) 右の写真の夏祭りは，東北三大祭りの1つです。この祭りが行われている都市を地図中の**a**〜**c**から1つ選び，記号で答えなさい。

[　　　　　　]

(6) 東北地方では伝統産業がさかんで，各地でさまざまな伝統的工芸品がつくられています。次の**ア**〜**エ**のうち，東北地方の伝統的工芸品でないものを1つ選び，記号で答えなさい。

ア 天童将棋駒 　**イ** 南部鉄器 　**ウ** 輪島塗 　**エ** 大館曲げわっぱ

[　　　　　　]

111

中学地理をひとつひとつわかりやすく。 改訂版

本書は，個人の特性にかかわらず，内容が伝わりやすい配色・デザインに配慮し，
メディア・ユニバーサル・デザインの認証を受けました。

編集協力
野口光伸

カバーイラスト・シールイラスト
坂木浩子

キャラクターイラスト
松村有希子

本文イラスト・図版
まなかちひろ
山本州（レアグラフ）
ゼム・スタジオ

写真提供
写真そばに記載

ブックデザイン
山口秀昭（Studio Flavor）

メディア・ユニバーサル・デザイン監修
NPO法人メディア・ユニバーサル・デザイン協会　伊藤裕道

DTP
㈱四国写研

中学地理を
ひとつひとつわかりやすく。
［改訂版］

 解答と解説

Gakken

01 世界って, どうなっているの?

本文7ページ

1 □にあてはまる語句を書きましょう。

(1) 陸地と海洋では, [海洋] のほうが広くなっています。

(2) 六大陸のうち, 面積が最も大きい大陸は [ユーラシア] 大陸です。

(3) 三大洋のうち, 面積が最も大きい海洋は [太平洋] です。

2 下の地図を見て, 次の問いに答えなさい。

(1) 地図中のA, Bの大陸名をそれぞれ答えなさい。

A [アフリカ大陸]　B [ユーラシア大陸]

(2) 地図中の①~④の州名をそれぞれ答えなさい。

① [ヨーロッパ州]　② [アジア州]

③ [オセアニア州]　④ [南アメリカ州]

解説 **2** (1)(2) ヨーロッパ州とアジア州は, ユーラシア大陸の中でウラル山脈などを境に分けられている。

---

02 世界には, どんな国があるの?

本文9ページ

1 □にあてはまる語句を書きましょう。

(1) 周りを海に囲まれた国を [海洋国(島国)] といいます。

(2) [国境] は国と国との境です。

(3) 面積が最も大きい国は [ロシア(ロシア連邦)] で, 面積が最も小さい国は [バチカン市国] です。

(4) 人口が最も多い国は [中国(中華人民共和国)] で, 2番目に多い国は [インド] です。

2 ( )のうち, 正しいほうを選びましょう。

(1) 世界には (140・⑲190) 余りの国があります。

(2) 内陸国には (㊱スイス・キューバ) やモンゴルなどがあります。

(3) オセアニア州の国々の国旗には, (フランス・㊗イギリス)の国旗が入っているものが多くみられます。(キリスト・㊗イスラム)教の信者が多い国々の国旗には, 星や三日月が描かれているものが多くあります。

(4) (イギリス・㊗インド)は大河という意味のインダス川から, (㊗エクアドル・ウルグアイ)は赤道という意味のスペイン語から国名がつけられました。

解説 **1** (3) バチカン市国はイタリアの首都ローマ市内にある国。人口も世界最少である。

---

03 地球って, どうなっているの?

本文11ページ

1 □にあてはまる語句を書きましょう。

(1) 世界のさまざまな国や都市の位置は, [緯度] と [経度] を用いて表すことができます。

(2) 同じ緯度の地点を結んだ①の線を [緯線] といいます。

(3) 同じ経度の地点を結んだ②の線を [経線] といいます。

(4) ③の線は, 緯度0度の緯線です。これを [赤道] といいます。

(5) ④の線は, 経度0度の経線で, [本初子午線] といいます。

2 ( )のうち, 正しいほうを選びましょう。

(1) 東京のおよその位置は, 北緯 (26・㊱36)度, (㊧東経・西経)140度と表すことができます。

(2) 経度の基準となる本初子午線は, イギリスの首都の (ローマ・㊗ロンドン)郊外にある旧グリニッジ天文台を通ります。

解説 **1** (1) 緯度と経度で位置を表すときは, 必ず北緯または南緯, 東経または西経をつけて表す。

---

04 世界地図には, どんなものがあるの?

本文13ページ

1 □にあてはまる語句や記号を書きましょう。

(1) 下の**地図1**は, [角度] が正しい地図です。

(2) 下の**地図2**は, 中心からの距離と [方位] が正しい地図です。

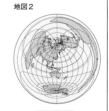

地図1　　　　　地図2

(3) 下の**地図3**と**地図4**のAとBのうち, 正しい真東は [B] です。

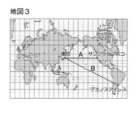

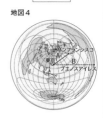

地図3　　　　　地図4

2 ( )のうち, 正しいほうを選びましょう。

(1) 角度が正しい地図は (航空図・㊗航海図)に使われてきました。

(2) 中心からの距離と方位が正しい地図は (㊗航空図・航海図)に利用されます。

解説 **1** (3) 正しい方位を知るには, 地図4の中心からの距離と方位が正しい地図を使う。

05 日本はどこにあるの？

本文 17 ページ

1 ▢ にあてはまる語句を書きましょう。

(1) 日本は，ユーラシア 大陸の東，太平 洋の北西部に位置する海洋国（島国）です。

(2) 地中 海沿岸のヨーロッパ南部の国々は，日本と緯度が同じくらいです。

(3) ヨーロッパの国々から見ると日本は東の端にあるので，「極東」と呼ばれることがあります。

(4) オーストラリアから見た日本は，「太平 洋をはさんで北に位置する国」と説明することができます。

2 （ ）のうち，正しいほうを選びましょう。

(1) 日本は，およそ北緯20 ～（ 36・㊴ ）度，東経（ 112・㊷ ）～ 154度の間にあります。

(2) 北アメリカでは（ アメリカ合衆国・カナダ ），ヨーロッパでは（ イギリス・イタリア ）が日本と緯度が同じくらいの国です。また，アフリカの（ 北部・南部 ）にある国も日本と緯度が同じくらいです。

(3) 日本と経度が同じくらいの国には，南半球の（ オーストラリア・チリ ）があります。

解説 **2** (2) カナダとイギリスはどちらも日本より高緯度にある。

---

06 時差って何？

本文 19 ページ

1 ▢ にあてはまる語句や数字を書きましょう。

(1) それぞれの国が時刻の基準としている経線を，標準時子午線 といいます。

(2) 日本の標準時子午線は，兵庫県 明石 市を通る，東経 135 度の経線です。

(3) 国や地域の標準時のずれを 時差 といいます。

(4) 地球は24時間かけて360度回るので，経度 15 度ごとに1時間の時差が生じます。

(5) 二つの都市間の経度差が75度の場合，時差は 5 時間となります。

(6) 東経120度の都市と，西経75度の都市の経度差は 195 度です。

2 地図を見て，次の問いに答えましょう。

(1) 東京（東経135度）が5月2日午前6時のとき，イタリアのローマ（東経15度）は何月何日何時ですか。

> 5月1日
> 午後10時

解説 **2** (1) 東京とローマの経度度差は120度，時差は8時間。ローマより東京のほうが時刻が早い。

---

07 日本の領域とその特色は？

本文 21 ページ

1 ▢ にあてはまる語句や数字を書きましょう。

(1) 日本は北海道，本州，四国，九州の四つの大きな島と周辺の小さな島々からなる 海洋（島）国です。

(2) 日本の国土の面積は，約 38 万km²です。

(3) 国の主権がおよぶ 領域 は，領土，領海，領空からなります。

(4) 排他的経済水域 は，沿岸から200海里以内の領海を除く水域で，沿岸国には水産資源や鉱産資源を利用する権利があります。

2 地図を見て，次の問いに答えましょう。

(1) 地図中のA～Dの島の名を答えなさい。

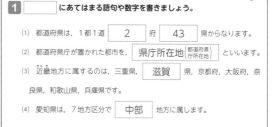

A 〔 択捉島 〕

B 〔 南鳥島 〕

C 〔 沖ノ鳥島 〕

D 〔 与那国島 〕

(2) 地図中の①北方領土，②竹島を不法に占拠している国を，それぞれ答えなさい。

① 〔 ロシア（ロシア連邦） 〕 ② 〔 韓国（大韓民国） 〕

解説 **2** (1) 択捉島は北海道，南鳥島と沖ノ鳥島は東京都，与那国島は沖縄県に属する。

---

08 日本はどのように分けることができるの？

本文 23 ページ

1 ▢ にあてはまる語句や数字を書きましょう。

(1) 都道府県は，1都1道 2 府 43 県からなります。

(2) 都道府県庁が置かれた都市を，県庁所在地〔都道府県庁所在地〕といいます。

(3) 近畿地方に属するのは，三重県，滋賀 県，京都府，大阪府，奈良県，和歌山県，兵庫県です。

(4) 愛知県は，7地方区分で 中部 地方に属します。

2 地図中のA～Gにあてはまる県庁所在地を，下からそれぞれ選びましょう。

A 〔 札幌市 〕

B 〔 仙台市 〕

C 〔 宇都宮市 〕

D 〔 名古屋市 〕

E 〔 神戸市 〕

F 〔 松山市 〕

G 〔 那覇市 〕

〔 神戸市　盛岡市　松江市　松山市　前橋市
宇都宮市　那覇市　札幌市　名古屋市　仙台市 〕

解説 **2** Aは北海道，Bは宮城県，Cは栃木県，Dは愛知県，Eは兵庫県，Fは愛媛県，Gは沖縄県の県庁所在地。

09 気候によって，暮らしはどう違うの？①
本文27ページ

1 □□□にあてはまる語句を書きましょう。

(1) 南太平洋のサモアや東南アジアのインドネシアなどは，一年中気温が高い　熱　帯の気候です。

(2) サモアの海岸には，常緑広葉樹の　マングローブ　がみられます。

(3) 熱帯の地域では，短時間に　スコール　と呼ばれる激しい雨が降ることがあります。

(4) サハラ砂漠の南に広がる　サヘル　やアラビア半島，モンゴルなどは雨が少ない　乾燥　帯の気候です。

(5) サヘルなどでは，土からつくった　日干し　れんがの家がみられ，水が得やすい　オアシス　の周りで農業が行われています。

(6) モンゴルでは，ゲルと呼ばれる移動式の家に住み，山羊や羊を飼いながら，水や草を求めて移動する　遊牧　を営む人々がいます。

2 （　）のうち，正しいほうを選びましょう。

(1) インドネシアやマレーシアでは，背の高い樹木がうっそうと茂る（ タイガ・⟨熱帯雨林⟩ ）がみられます。

(2) インドネシアやマレーシアでみられる伝統的な家は，暑さや湿気がこもらないように，床が（ ⟨高く⟩・低く ）なっています。

解説 **2** (1) タイガは，冷帯（亜寒帯）の気候に属するシベリアなどでみられる針葉樹の森林。

---

10 気候によって，暮らしはどう違うの？②
本文29ページ

1 □□□にあてはまる語句を書きましょう。

(1) イタリアやスペインは温暖で四季がある　温　帯の気候です。

(2) イタリアやスペインのように，夏は乾燥し，冬に雨が多くなる気候を　地中海性　気候といいます。

(3) 寒さが厳しい地域には，一年中凍った状態の　永久凍　土が分布しています。

(4) カナダ北部には，　イヌイット　と呼ばれる人々が暮らしていて，冬は雪をれんが状にして積み上げた　イグルー　に住みました。

(5) アンデスの高地では，　リャマ　は荷物の運搬に，アルパカの毛は衣服の材料に利用されます。人々の主食は　じゃがいも　です。

2 （　）のうち，正しいほうを選びましょう。

(1) 日差しが強いイタリアやスペインの伝統的な家は，（ 土・⟨石⟩ ）でできていて，窓は（ ⟨小さく⟩・大きく ），家の中が涼しいつくりです。

(2) イタリアやスペインでは，（ 小麦・⟨ぶどう⟩ ）からワイン，（ タロいも・⟨オリーブ⟩ ）からオイルの生産がさかんです。

(3) カナダ北部に古くから暮らす人々の生活には変化がみられ，最近は（ ⟨スノーモービル⟩・犬ぞり ）で移動することが増えました。

解説 **2** (2) イタリアやスペインでは，乾燥する夏に，乾燥に強いぶどうやオリーブを栽培している。

---

11 世界には，どんな気候があるの？
本文31ページ

1 □□□にあてはまる語句を書きましょう。

(1) 熱　帯は，一年中高温で降水量の多い気候帯です。

(2) 乾燥　帯は雨が少なく，砂漠やたけの短い草原が広がる気候帯です。

(3) 温　帯は，温暖で四季の変化がはっきりしている気候帯です。

(4) 冷（亜寒）　帯は，寒さが厳しく夏と冬の気温差が大きい気候帯で，寒　帯は，一年のほとんどを雪と氷で覆われる気候帯です。

2 地図中のA～Dにあてはまる気候帯を，下のア～エから選びましょう。

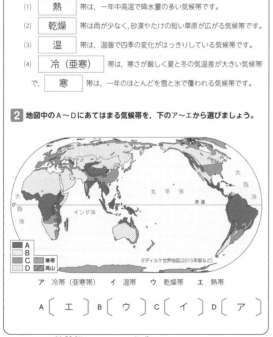

ア 冷帯（亜寒帯）　イ 温帯　ウ 乾燥帯　エ 熱帯

A〔 エ 〕　B〔 ウ 〕　C〔 イ 〕　D〔 ア 〕

解説 **2** 乾燥帯は，南北の緯度が20～30度付近や内陸部に広がっている。

---

12 世界には，どんな宗教があるの？
本文33ページ

1 世界の主な宗教の分布を示した次の図のA～Dにあてはまる宗教を答えましょう。

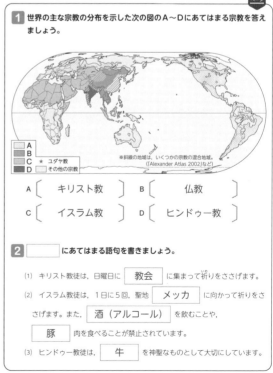

A〔 キリスト教 〕　B〔 仏教 〕

C〔 イスラム教 〕　D〔 ヒンドゥー教 〕

2 □□□にあてはまる語句を書きましょう。

(1) キリスト教徒は，日曜日に　教会　に集まって祈りをささげます。

(2) イスラム教徒は，1日に5回，聖地　メッカ　に向かって祈りをささげます。また，　酒（アルコール）　を飲むことや，　豚　肉を食べることが禁止されています。

(3) ヒンドゥー教徒は，　牛　を神聖なものとして大切にしています。

解説 **1** Dはインドに広がっていることから，ヒンドゥー教と判断できる。

13 アジア州ってどんなところ？① 本文 37 ページ

1 ◻️ にあてはまる語句を書きましょう。

(1) 中国や韓国，日本は ◻️米◻️ を主食としています。

(2) 中国とネパールなどとの国境に，◻️ヒマラヤ◻️ 山脈が連なっています。

(3) 韓国はいち早く工業化が進み，台湾，ホンコンなどとともにアジア ◻️NIES◻️（新興工業経済地域）の１つに数えられています。

(4) 韓国では，薄型テレビや携帯電話などを生産する ◻️ハイテク◻️（先端技術，情報通信技術関連）産業がさかんです。

(5) 中国の人口の約9割を ◻️漢（漢民）◻️ 族が占めています。

(6) 中国ではかつて人口増加を抑えるために ◻️一人っ子◻️ 政策をとっていましたが，廃止されました。

(7) 中国は外国企業を受け入れる ◻️経済特◻️ 区を設置して工業化を進め，「世界の ◻️工場◻️ 」と呼ばれるまでになりました。

2 （　）のうち，正しいほうを選びましょう。

(1) 中国の北部を東西に流れる河川は（長江・⊚黄河）で，その南を東西に流れる中国で最も長い河川は（⊚長江・黄河）です。

(2) 中国の黄河の流域では（⊚小麦・米）の生産がさかんで，長江の流域やその南の地域では（⊚米・大豆）の生産がさかんです。

 解説 **1** (6)「一人っ子政策」とは，一組の夫婦に子どもを一人までとする政策。

---

14 アジア州ってどんなところ？② 本文 39 ページ

1 ◻️ にあてはまる語句を書きましょう。

(1) 東南アジアは ◻️季節風（モンスーン）◻️ の影響で降水量が多く，これをいかして稲作がさかんで，1年に2度米を収穫する ◻️二期作◻️ が行われているところもあります。

(2) 東南アジアには ◻️華人◻️ と呼ばれる中国系の人々が多く住んでいます。

(3) 東南アジアの国々は，政治的・経済的な結びつきを強めるため，◻️東南アジア諸国連合（ASEAN）◻️ を結成しています。

(4) 植民地時代に開かれた大農園の ◻️プランテーション◻️ では，油やしや天然ゴム，コーヒーなどが栽培されています。

(5) 近年，東南アジアでは都市の人口が急増し，生活環境の悪い ◻️スラム◻️ が形成されるなど，都市問題が発生しています。

2 （　）のうち，正しいほうを選びましょう。

(1) ベトナムなどを大河の（ガンジス川・⊚メコン川）が流れています。

(2) タイは（⊚仏教・キリスト教），マレーシアやインドネシアは（ヒンドゥー教・⊚イスラム教），フィリピンは（仏教・⊚キリスト教）の信者が多くいます。

 解説 **1** (1) モンスーンは，アラビア語で「季節」を意味する言葉に由来している。

---

15 アジア州ってどんなところ？③ 本文 41 ページ

1 ◻️ にあてはまる語句を書きましょう。

(1) インドの人口は13億人を超えていて，いずれは ◻️中国◻️ を抜いて世界一になると予測されています。

(2) インドの国民の約8割は ◻️ヒンドゥー◻️ 教を信仰しています。

(3) インド南部の都市のベンガルールでは，アメリカとの ◻️時差◻️ をいかし，◻️ICT◻️（情報通信技術）産業がさかんです。

(4) 西アジアや中央アジアは乾燥した気候で，◻️砂漠◻️ が広がります。

(5) 西アジアの ◻️ペルシア（ペルシャ）◻️ 湾岸は世界有数の石油の産出地で，周辺国が中心となって石油輸出国機構（◻️OPEC◻️）を結成しています。

(6) 中央アジアの国々では，石油や石炭，天然ガスのほかに，◻️レアメタル◻️ と呼ばれる希少金属が豊富に産出します。

2 （　）のうち，正しいほうを選びましょう。

(1) （⊚ガンジス川・チャオプラヤ川）はインドやバングラデシュなどを流れ，（メコン川・⊚インダス川）はパキスタンなどを流れています。

(2) ガンジス川の上流域では（米・⊚小麦），下流域では（⊚米・小麦）の栽培がさかんです。

 解説 **1** (5) OPECは産油国の利益を守るために結成された組織で，原油の価格や生産量を決めている。

---

16 ヨーロッパ州ってどんなところ？① 本文 43 ページ

1 ◻️ にあてはまる語句を書きましょう。

(1) ヨーロッパ州の大部分は，暖流の ◻️北大西洋◻️ 海流と，その上を吹く ◻️偏西◻️ 風の影響によって，高緯度のわりに温暖な気候です。

(2) 大西洋や北海に面した地域は冬も寒さが厳しくない ◻️西岸海洋◻️ 性気候，地中海沿岸の地域は ◻️夏◻️ に乾燥する地中海性気候です。

(3) ヨーロッパの南部には，険しい ◻️アルプス◻️ 山脈が連なります。

(4) ヨーロッパ北部のスカンディナビア半島には，◻️フィヨルド◻️ と呼ばれる細長く奥行きのある湾がみられます。

(5) ヨーロッパは ◻️キリスト◻️ 教の信者が多い地域です。

(6) 主に乳牛を飼育し，牛乳やチーズ，バターなどの乳製品を生産する農業を ◻️酪農◻️ といいます。

2 （　）のうち，正しいほうを選びましょう。

(1) ヨーロッパの北西部では（ラテン・⊚ゲルマン）系言語，南部では（⊚ラテン・ゲルマン）系言語，東部ではスラブ系言語が使われています。

(2) （⊚混合・地中海式）農業は，家畜のえさになる作物の栽培と家畜の飼育を組み合わせた農業，（混合・⊚地中海式）農業は，乾燥する夏にぶどうやオリーブ，雨が多い冬に小麦を栽培する農業です。

 解説 **1** (5) キリスト教は，ヨーロッパの人々の日常生活に深く根づいている。

17 ヨーロッパ州ってどんなところ？② ^{本文45ページ}

1 ☐ にあてはまる語句を書きましょう。

(1) ヨーロッパ連合に加盟している国々の多くは共通通貨の **ユーロ** を導入しています。また、輸入品にかかる **関** 税が撤廃されています。

(2) ヨーロッパ連合の課題の1つに、西ヨーロッパの国々と東ヨーロッパの国で国民総所得に開きがあるなど、**経済格差** の問題があります。

(3) ヨーロッパでは航空機や医薬品、自動車などをつくる **ハイテク（先端技術）** 産業が発達しています。

(4) ヨーロッパの国々では、森林を枯らせたり、湖や川の水質を悪くしたりする **酸性** 雨が環境問題となりました。

(5) 風力や太陽光などの繰り返し利用することができ、環境にやさしいエネルギーを **再生可能** エネルギーといいます。

2 （　）のうち、正しいほうを選びましょう。

(1) ヨーロッパの国々は政治的・経済的な結びつきを強めるため、1967年に（ **EC**・EU ）、1993年には（ EC・**EU** ）を結成しました。

(2) （ 原子力・**バイオマス** ）発電は、家畜の糞尿などを発酵させたガスを利用して発電しています。

解説 **1** (2) 2004年以降に加盟した東ヨーロッパの国々は、西ヨーロッパの国々に比べて国民総所得が低い。

---

18 アフリカ州ってどんなところ？

1 ☐ にあてはまる語句を書きましょう。

(1) アフリカ州の北部には、世界最大の **サハラ** 砂漠が広がり、その東を北に向かって世界最長の **ナイル** 川が流れています。

(2) アフリカ州の広い地域は、19世紀末までに、ヨーロッパの国々の **植民** 地になりました。

(3) 国の収入が特定の鉱産資源や農作物の輸出に頼っている状態を **モノカルチャー** 経済といいます。

(4) アフリカ州の国々は、**NGO** と呼ばれる非政府組織や先進国から、さまざまな支援や援助を受けています。

(5) コートジボワールやガーナでは、チョコレートの原料となる **カカオ** の栽培がさかんで、重要な輸出品となっています。

(6) アフリカ州の国々は鉱産資源が豊富で、近年は携帯電話の部品などに使われる **レアメタル（コバルト）** が注目を集めています。

2 （　）のうち、正しいほうを選びましょう。

(1) アフリカ州の気候は、赤道付近が（ **熱**・乾燥 ）帯となっていて、南北に行くにつれて、（ **乾燥**・冷 ）帯、温帯が広がっています。

(2) 南アフリカ共和国では（ 石油・**金** ）が豊富に産出します。

解説 **2** (2) 石油はナイジェリアやアルジェリアなどで豊富に産出する。

---

19 北アメリカ州ってどんなところ？ ^{本文49ページ}

1 ☐ にあてはまる語句を書きましょう。

(1) 北アメリカ州は、北アメリカ大陸と **西インド** 諸島からなります。

(2) アメリカ大陸の西部には険しい **ロッキー** 山脈が南北に連なり、東部にはなだらかな **アパラチア** 山脈が連なっています。

(3) 北アメリカ大陸最長の **ミシシッピ** 川は、広大な平原を流れ、メキシコ湾に注いでいます。

(4) アメリカとカナダの国境付近の湖をまとめて **五大** 湖といいます。

(5) メキシコや中央アメリカなどの国々からアメリカに移住した、スペイン語を話す人々を **ヒスパニック** といいます。

(6) アメリカ、メキシコ、**カナダ** の3か国は、経済的な結びつきを強めるために、USMCAと呼ばれる協定を結んでいます。

2 （　）のうち、正しいほうを選びましょう。

(1) 北アメリカ大陸の南東部や西インド諸島は、夏から秋にかけて（ サイクロン・**ハリケーン** ）の被害を受けることがあります。

(2) ロッキー山脈の東には（ **グレートプレーンズ**・プレーリー ）と呼ばれる高原状の大平原があり、ミシシッピ川の西には（ グレートプレーンズ・**プレーリー** ）と呼ばれる草原があります。

解説 **1** (5) ヒスパニックは仕事と収入を求めてアメリカにやってきて、農場や工場などで働いている。

---

20 アメリカ合衆国って、どんな国なの？ ^{本文51ページ}

1 ☐ にあてはまる語句を書きましょう。

(1) アメリカの農業は、少ない人手で広い面積を経営する **企業的** な農業が中心となっています。

(2) アメリカでは、地域ごとに気候や土壌に合った農作物を栽培する **適地適作** が行われています。

(3) アメリカの工業の中心は、北緯37度より南の **サンベルト** と呼ばれる地域です。

(4) サンフランシスコ郊外にある、**シリコンバレー** と呼ばれる地区には、ICT（情報通信技術）関連企業が集中しています。

2 次の地図は、アメリカの主な農業地域を示しています。地図中のA～Dにあてはまるものを、右のア～エからそれぞれ選び、記号で答えなさい。

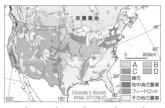

ア 放牧
イ 酪農
ウ とうもろこし・大豆
エ 小麦

A [**エ**] B [**ウ**] C [**イ**] D [**ア**]

解説 **1** (3) サンベルトは温暖な気候で、土地が安く、資源や労働力も豊富なことから工業が発展した。

---

21 南アメリカ州ってどんなところ？

1 ▢にあてはまる語句を書きましょう。

(1) 南アメリカ州の西部には，標高6000 mを超える山々が連なる
　 ┃ アンデス ┃ 山脈があります。

(2) 南アメリカ州の赤道付近を西から東へ流れる ┃ アマゾン ┃ 川は流
　 域面積が世界最大で，重要な交通路でもあります。

(3) ラプラタ川の河口周辺には，┃ パンパ ┃ と呼ばれる大きな草原が広
　 がっています。

(4) ブラジルでは ┃ ポルトガル ┃ 語，アルゼンチンでは
　 ┃ スペイン ┃ 語が公用語となっています。

(5) アマゾン川流域の熱帯林が広がる地域では，森林を焼いて畑をつくり，そ
　 の灰を肥料に農作物を栽培する ┃ 焼畑 ┃ 農業が行われています。

(6) ┃ バイオエタノール（バイオ燃料） ┃ は，さとうきびなどの
　 植物を原料とする燃料で，ブラジルで自動車の燃料として利用されています。

2 （　）のうち，正しいほうを選びましょう。

(1) （ ブラジル ・チリ ）は，さとうきびやコーヒー豆の栽培がさかんです。

(2) ブラジルでは（ 石炭 ・鉄鉱石 ），チリでは（ 金 ・銅 ）が豊富に産
　 出します。

解説 **2** (1) ブラジルは，さとうきびとコーヒー豆の生産量
　 がともに世界一である。

22 オセアニア州ってどんなところ？

1 ▢にあてはまる語句を書きましょう。

(1) オセアニア州は，┃ オーストラリア ┃ 大陸と太平洋の島々からな
　 ります。

(2) オセアニア州に属する太平洋の島々の多くは，火山の噴火で誕生した火山
　 島と ┃ さんご礁 ┃ の島です。

(3) オーストラリアは ┃ 小麦 ┃ の栽培がさかんです。また，羊や
　 ┃ 肉牛 ┃ もたくさん飼育されています。

(4) オーストラリアは，ヨーロッパ系以外の移民を制限する ┃ 白豪 ┃ 主
　 義の政策をとっていましたが，1970年代に撤廃されました。

(5) 近年，オーストラリアではアジア系などの移民が増え，互いの文化を尊重
　 する ┃ 多文化 ┃ 社会が目指されています。

2 （　）のうち，正しいほうを選びましょう。

(1) オーストラリアには（ マオリ ・ アボリジニ ），ニュージーランドには
　 （ マオリ ・ アボリジニ ）という先住民が暮らしてきました。

(2) （ 鉄鉱石 ・石炭 ）は主にオーストラリアの北西部で，
　 （ 鉄鉱石 ・ 石炭 ）は主にオーストラリアの東部で産出します。

(3) 現在のオーストラリアの輸出品の中心は（ 羊毛 ・ 鉱産資源 ）です。

解説 **1** (3) 日本はオーストラリアから小麦や牛肉をたくさ
　 ん輸入している。

23 地形図って何？

1 ▢にあてはまる語句や数字を書きましょう。

(1) 代表的な地形図として，縮尺が5万分の1と ┃ 2万5 ┃ 千分の1の
　 地形図の2つがあります。

(2) 地形図上で，実際の距離をどのくらいの割合で縮めたかを示した数字を
　 ┃ 縮尺 ┃ といいます。

(3) 実際の距離は，地形図上の長さ× ┃ 縮尺の分母 ┃ で求めます。

2 地形図を見て，次の問いに答えましょう。

(1) 次の地形図で，A－B間の実際の距離は何mでしょうか。（地形図の縮尺
　 は2万5千分の1です）

式 ┃ 5 cm×25000＝125000 cm＝1250 m ┃

答え ┃ 1250 m ┃

解説 **2** (1) 地形図上のA－B間の長さは5cm，縮尺は
　 2万5千分の1なので，5×25000を計算する。

24 地形図ってどうやって見るの？

1 ▢にあてはまる語句や数字を書きましょう。

(1) 地形図上に引かれた，同じ高さのところを結んだ線を ┃ 等高線 ┃ と
　 いいます。

(2) (1)の線のうち，主曲線は，2万5千分の1の地形図では ┃ 10 ┃ m
　 ごと，5万分の1の地形図では ┃ 20 ┃ mごとに引かれています。

(3) (1)の線の間隔が広ければ傾斜が ┃ 緩やか ┃ で，間隔が狭ければ傾斜
　 が ┃ 急 ┃ となります。

(4) 地形図上の方位は，上が ┃ 北 ┃ になっています。

(5) ◎の地図記号は ┃ 市役所 ┃ ，⊕の地図記号は ┃ 郵便局 ┃
　 を表しています。

(6) ▯の地図記号は ┃ 図書館 ┃ ，⌂の地図記号は
　 ┃ 老人ホーム ┃ を表しています。

2 （　）のうち，正しいほうを選びましょう。

(1) 卍の地図記号は（ 神社 ・ 寺院 ），Ｈの地図記号は（ 神社 ・寺院 ）
　 を表しています。

(2) ⋀の地図記号は（ 広葉樹林 ・ 針葉樹林 ），｡⍤｡の地図記号は
　 （ 広葉樹林 ・針葉樹林 ）を表しています。

解説 **2** (2) 針葉樹林と広葉樹林の地図記号は，針葉樹と広
　 葉樹を横から見た形を記号にしたものである。

25 日本の地形の特色は？

本文63ページ

1 □ にあてはまる語句や数字を書きましょう。

(1) 日本は地震や火山活動が活発な **造山帯（変動帯）** にあり，国土
の約4分の **3** を山地が占めます。

(2) 日本の川は世界の川と比べて傾斜が **急** で，流域面積が
狭い のが特徴です。

(3) 日本列島の中央部には，標高3000m級の山々が連なる，飛驒・木曽・赤
石山脈からなる **日本アルプス** があります。

(4) (3)の東に南北に延びる大きな溝状の地形を
フォッサマグナ といいます。

2 次の地図中のA〜Eの山地・山脈名を下からそれぞれ選びましょう。

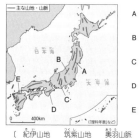

A 〔 **奥羽山脈** 〕
B 〔 **越後山脈** 〕
C 〔 **木曽山脈** 〕
D 〔 **紀伊山地** 〕
E 〔 **筑紫山地** 〕

〔 紀伊山地　筑紫山地　奥羽山脈　越後山脈　木曽山脈 〕

解説 **1** (3) ヨーロッパのアルプス山脈が名前の由来。「日本
の屋根」とも呼ばれる。

---

26 日本には，どんな地形があるの？

本文65ページ

1 □ にあてはまる語句を書きましょう。

(1) **扇状地** は，川が山から運んできた土砂が谷口に積もってできる
地形で，扇のような形をしています。

(2) **三角州** は，川が運んだ土砂が河口に積もってできる地形で，三
角形のような形をしています。

(3) 日本の海岸には，砂浜が広がる砂浜海岸や岩場が続く **岩石** 海岸，
切り込みの深い湾と岬が続く **リアス** 海岸などがみられます。

(4) 日本の周りには，水深が200mぐらいまでで平たんな **大陸棚**
と呼ばれる海底地形が広がっています。また，深さが8000mを超える，溝
状の **海溝** もみられます。

2 （ ）のうち，正しいほうを選びましょう。

(1) 写真Aの地形を（ 扇状地・**三角州** ）といいます。

(2) 写真Bの地形を（ **扇状地**・三角州 ）といいます。

(3) 写真Cの地形を（ **リアス**・砂浜 ）海岸といいます。

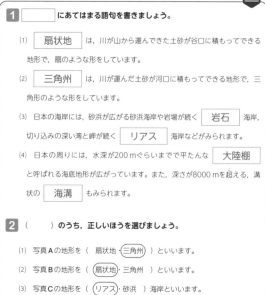

解説 **2** (1)(2) 三角州は河口付近にでき，扇状地は川が山間
部から平地に出るところにできる。

---

27 日本には，どんな気候があるの？

本文67ページ

1 □ にあてはまる語句を書きましょう。

(1) 夏と冬で吹く向きが大きく変わる風を
季節風（モンスーン） といいます。

(2) (1)の風は，夏には，**南東** の方向から日本列島に吹き，
太平洋 側の地域に大量の雨を降らせます。

(3) **黒潮（日本海流）** は太平洋側を南から北へ流れる暖流で，
親潮（千島海流） は太平洋側を北から南へ流れる寒流です。

2 次のA〜Cの雨温図は，どの気候に属しますか。下からそれぞれ選びま
しょう。

〔 瀬戸内の気候　太平洋側の気候
　南西諸島の気候　日本海側の気候 〕

A 〔 **日本海側の気候** 〕　B 〔 **南西諸島の気候** 〕

C 〔 **太平洋側の気候** 〕

解説 **2** Aは冬の降水量が多く，Bは冬でも気温が高く，
Cは夏の降水量が多いことに注目する。

---

28 日本には，どんな自然災害があるの？

本文69ページ

1 □ にあてはまる語句を書きましょう。

(1) 日本は **地震** がよく起こり，大きなゆれで建物が壊れたり，地盤
が液状化したりする被害が出ます。

(2) 海底を震源とする地震が起きると **津波** が発生することがあり，
2011年の **東日本大震災** では，東北地方の太平洋側を中心に大
きな被害が出ました。

(3) 夏から秋にかけて，日本は **台風** の通り道になることが多く，大
雨や強風，高潮などで被害が出ることがあります。

(4) 自然災害による被害を防ぐことを **防災** ，被害をできるだけ抑え
ることを **減災** といいます。

(5) **防災マップ（ハザードマップ）** は，災害が起こりそうな場
所や被害の程度を予測して示した地図です。

2 （ ）のうち，正しいほうを選びましょう。

(1) 自然災害が起こったときに，国や都道府県などが行う支援や援助を
（ 扶助・**公助** ）といいます。

(2) 自然災害が起こったときに，自分で自分を守る行動を（ 共助・**自助** ），
地域の人たちで助け合う行動を（ **共助**・自助 ）といいます。

解説 **1** (1) 日本列島は，大地の動きが活発な環太平洋造山
帯にあるため，地震や火山の噴火が多い。

29 日本には, どのくらいの人が住んでいるの？

本文73ページ

1 □□□にあてはまる数字や語句を書きましょう。

(1) 日本の2019年の人口は, 約 **1** 億2600万人です。

(2) 日本では, 子どもの割合が減り, 高齢者の割合が増える **少子高齢** 化がどんどん進んでいます。

(3) 日本の人口は東京・大阪・名古屋の **三大都市** 圏や仙台・広島・福岡などの地方 **中枢** 都市に集中しています。

(4) 人口が集中して **過密** の状態となっている都市部では, 交通渋滞やごみ処理場の不足などが問題となっています。

(5) 人口が著しく減少して **過疎** となっている農村や山間部などでは, 学校の閉校や交通機関の廃止で, 地域社会の維持が難しくなっています。

2 A〜Cは1935年, 1960年, 2019年のいずれかの日本の人口ピラミッドです。1935年と2019年を示しているものをそれぞれ選びなさい。

1935年 [**C**] 2019年 [**A**]

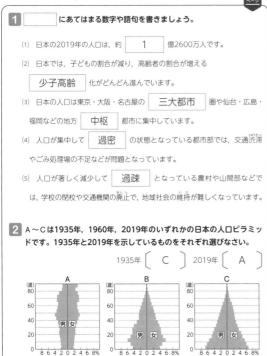

解説 **2** 子どもの割合が高い富士山型から, 子どもの割合が低く高齢者の割合が高いつぼ型へ変化した。

30 日本は, 資源やエネルギーをどうやって確保しているの？

本文75ページ

1 □□□にあてはまる語句を書きましょう。

(1) 石油や石炭, 鉄鉱石などのエネルギー源や工業製品の原料となる鉱物を **鉱産資源** といいます。

(2) 日本の石油の輸入先は, サウジアラビアやアラブ首長国連邦などの **西** アジアの国々が多くを占めています。

(3) 日本の石炭と鉄鉱石の輸入先は, どちらも **オーストラリア** が半分以上を占めています。

(4) 火力発電は, **地球温暖化** の原因となる二酸化炭素の排出量が多いことが問題の一つです。

(5) 風力や太陽光, 地熱やバイオマスなど繰り返し利用することができるエネルギーを **再生可能** エネルギーといいます。

2 （　）のうち, 正しいほうを選びましょう。

(1) 日本ではかつて水力発電が発電の中心でしたが, 現在は（ **火力** ・原子力 ）発電が中心となっています。

(2) （ **水力** ・原子力 ）発電所は, 山間部などに多く分布しています。

(3) （ **火力** ・原子力 ）発電所は大都市や工業地帯の近くに多く, （ 火力・**原子力** ）発電所は福井県などに多く分布しています。

解説 **2** (1) 火力発電は, 日本の総発電量の8割以上を占めている（2018年）。

31 日本の産業の特色は？

本文77ページ

1 □□□にあてはまる語句を書きましょう。

(1) 日本の工業は原材料を輸入して製品を輸出する **加工** 貿易で発展してきました。

(2) 近年日本の企業は, 工場を賃金の安い外国に移転するようになり, 国内でものをつくる力が衰える産業の **空洞化** が心配されています。

(3) 日本の主な工業地帯・地域は関東地方から九州北部の沿岸部に集中していて, この地域は **太平洋ベルト** と呼ばれます。

(4) 愛知県を中心に形成されているのは **中京** 工業地帯, 東京都から神奈川県にかけて広がるのは **京浜** 工業地帯です。

(5) インターネットが広まったことで, **ICT** （情報通信技術）産業が発達しました。

2 （　）のうち, 正しいほうを選びましょう。

(1) 鉱工業や建設業は, （ **第二次** ・第三次 ）産業に分けられます。

(2) 食料自給率とは, 国内で消費する食料をどのくらい国内の生産でまかなえているかを示す割合で, 日本は食料自給率が（ **低い** ・高い ）国です。

(3) 日本の食料自給率でとくに割合が低いのは（ 野菜・**小麦** ）です。いっぽう, ほぼ自給できているのは（ **米** ・果実 ）です。

解説 **2** (3) 小麦はパンやうどんの原料で, 多くをアメリカ, カナダ, オーストラリアから輸入している。

32 日本では, どんな交通網が発達しているの？

本文79ページ

1 □□□にあてはまる語句を書きましょう。

(1) 日本各地には新幹線や高速道路, 航空網などの **高速交通** 網が整備されています。

(2) 日本各地に高速道路が整備され, 輸送に便利な高速道路のインターチェンジ付近には, **工業団地** や流通団地が建設されました。

2 （　）のうち, 正しいほうを選びましょう。

(1) 外国との間で石油や鉄鋼, 自動車などの重くてかさばる物を運ぶときは, 主に（ 航空機・**船** ）が利用されています。

(2) 軽くて高価な電子部品や, 新鮮さが重要な野菜・生花などを運ぶときは, 主に（ **航空機** ・船 ）が利用されています。

(3) 次のグラフは, 国内の輸送量割合の変化を示しています。グラフ中のAには（ **自動車** ・鉄道 ）, Bには（ 鉄道・**船** ）があてはまります。

（2020/21年版「日本国勢図会」など）

解説 **2** (3) Aは割合を大きく増やしていること, Bは貨物輸送の割合が高いことに注目する。

33 九州地方って, どんなところ？① 本文 83 ページ

1 [   ] にあてはまる語句を書きましょう。

(1) 九州は火山が多く, 中でも阿蘇山は巨大な [カルデラ] （噴火に
よってできた大きなくぼ地）をもちます。

(2) [シラス] 台地は九州南部に広がる, 古い火山の噴出物が厚く積もっ
てできた台地です。

(3) 福岡県と佐賀県の県境には [筑後] 川が流れ, その流域には
[筑紫] 平野が広がっています。

(4) 佐賀県の南には, [有明] 海が広がっています。

(5) 南西諸島の沿岸は海水温が高く, 美しい [さんご礁] がみられま
す。

(6) 九州地方は [梅雨] や台風の時期に集中豪雨となり, 洪水や土砂災
害などが発生することがあります。

2 (   ) のうち, 正しいほうを選びましょう。

(1) (雲仙岳・(桜島) ）は鹿児島県の鹿児島市の中心部からすぐ近くにある
火山で, (霧島山・阿蘇山 ）は鹿児島県と宮崎県にまたがる火山です。

(2) 火山のめぐみによる温泉が多い ((大分県)・福岡県 ）や, 美しいさんご
礁の海が広がる ((沖縄県)・長崎県 ）には, 多くの観光客が訪れます。

解説 **2** (1) 雲仙岳は長崎県, 阿蘇山は熊本県にある火山。

---

34 九州地方って, どんなところ？② 本文 85 ページ

1 [   ] にあてはまる語句を書きましょう。

(1) 宮崎平野では, ピーマンやきゅうりをビニールハウスで育てて, ほかの地
域よりも早い時期に出荷する [促成] 栽培がさかんです。

(2) 1901年に八幡製鉄所が建設されたことをきっかけに, [北九州]
工業地域（地帯）が発展しました。

(3) 九州各地で [IC] と呼ばれる集積回路の生産がさかんです。集積
回路は多くの電気製品に使われています。

(4) 福岡県の宮若市や大分県の中津市には大きな [自動車] 工場があ
り, 外国にも輸出されています。

(5) 福岡県の北九州市は, 使い終わったものを回収して原料に戻し, 新たな製
品を生産する [リサイクル] に積極的に取り組んでいます。

2 (   ) のうち, 正しいほうを選びましょう。

(1) 筑紫平野では稲作のあとに小麦などを栽培する ((二毛作)・二期作 ）が
さかんです。

(2) 有明海に面する佐賀県などでは ((のり)・かき ）の養殖がさかんです。

(3) 北九州工業地域は (せんい工業・(鉄鋼業) ）を中心に発展しましたが,
その後伸び悩みました。

解説 **1** (5) 北九州市にはペットボトルや自動車部品などの
廃棄物をリサイクルする工場がたくさんある。

---

35 中国・四国地方って, どんなところ？① 本文 87 ページ

1 [   ] にあてはまる語句を書きましょう。

(1) 中国地方と四国地方の間には [瀬戸内] 海が広がっています。

(2) 瀬戸内は降水量が少なく, 昔から水不足に悩まされてきたため, 香川県の
讃岐平野には多くの [ため池] や用水路がつくられました。

(3) 本州と四国を結ぶ3つのルートにかかる橋をまとめて
[本州四国連絡] 橋といいます。

(4) 中国・四国地方の山間部や離島では, 人口が大きく減少して [過疎]
化が進んでいます。

(5) (4)が進んでいる地域では, 特産品をさまざまな製品に加工して通信販売を
するなど, 町 [おこし] ・村 [おこし] に力を入れています。

(6) 交通網の整備によって各都市間の移動時間が短くなったことで, 大都市に
人が吸い寄せられる [ストロー] 現象がみられます。

2 (   ) のうち, 正しいほうを選びましょう。

(1) 中国・四国地方は中国山地より北側の (山陰・(山陽) ）, 瀬戸内海に面
した瀬戸内, 四国山地より南側の南四国に分けることができます。

(2) 岡山県と香川県は (関門橋・(瀬戸大橋) ）, 兵庫県の淡路島と徳島県は
((大鳴門橋)・関門橋 ）で結ばれています。

解説 **2** (1) 山陽は, 中国地方のうちの中国山地より南側の
地域で, 新幹線の名称にもなっている。

---

36 中国・四国地方って, どんなところ？② 本文 89 ページ

1 [   ] にあてはまる語句を書きましょう。

(1) 瀬戸内海の波がおだやかな海域では, 魚や貝を大きくなるまで育ててから
出荷する [養殖（養殖業）] が行われています。

(2) 原料の輸入や製品の輸送に便利な瀬戸内海の沿岸には, [瀬戸内]
工業地域が形成されています。

(3) 石油関連の工場が結びついて効率よく生産している地域を,
[石油化学コンビナート] といいます。

(4) 岡山県の倉敷市や広島県の福山市には [製鉄所] が建設され, 鉄鋼
業が発達しています。

(5) 広島県の広島市とその周辺では [自動車] の生産がさかんで, 関連
する企業や工場が集中しています。

2 (   ) のうち, 正しいほうを選びましょう。

(1) 高知平野ではきゅうりやなすなどの野菜をほかの地域よりも早い時期に出
荷する (抑制・(促成) ）栽培がさかんです。

(2) 愛媛県や瀬戸内海の島々では ((みかん)・りんご ）の栽培がさかんです。

(3) 広島湾では ((かき)・わかめ ）の養殖がさかんで, 広島県の生産量は全
国の約60%を占めています。

解説 **2** (1) ほかの地域からの出荷が少ない時期に出荷する
ことで, 高い価格で売ることができる。

37 近畿地方って，どんなところ？①

本文 91 ページ

1 □ にあてはまる語句を書きましょう。

(1) 近畿地方の中央部には日本最大の湖の [琵琶] 湖があり，そこから [淀（瀬田）] 川が流れ出し，大阪湾に注いでいます。

(2) (1)の湖は工場廃水や生活排水で水質が悪化したため，[条例] を制定するなどして水質改善に取り組んでいます。

(3) 近畿地方の南部には険しい [紀伊] 山地が連なり，周辺は日本有数の降水量が多い地域です。

(4) 兵庫県の南部には [淡路] 島があります。

(5) 大阪市を中心に，神戸市や京都市にかけての人口が集中する地域を，[大阪（京阪神）] 大都市圏といいます。

(6) 1960年代から，大阪府の千里や泉北では住宅団地の開発が進み，[ニュータウン] が建設されました。

2 （　）のうち，正しいほうを選びましょう。

(1) 近畿地方では，北部の（ 若狭湾 ・大阪湾 ）沿岸や南東部の（ 房総半島 ・志摩半島 ）にリアス海岸がみられます。

(2) （神戸市・京都市 ）は貿易港として発展した都市で，（ 神戸市・京都市 ）はかつて都が置かれ，歴史的な町並みが残っています。

解説 **1** (1) 淀川は，滋賀県内では瀬田川，京都府内では宇治川と呼ばれる。

---

38 近畿地方って，どんなところ？②

本文 93 ページ

1 □ にあてはまる語句を書きましょう。

(1) 志摩半島の英虞湾では [真珠] の養殖がさかんです。

(2) 紀伊山地は木の生育に適した気候で，古くから [林] 業がさかんです。吉野 [すぎ] や尾鷲 [ひのき] などの美しい森林が広がります。

(3) 大阪湾の沿岸部には [阪神] 工業地帯が形成されています。

(4) 大阪府東部の東大阪市などには，働く人が300人以下の [中小] 企業の工場が多く，中には世界的に高い技術力をもつ工場もあります。

(5) 京都府や奈良県では [伝統] 産業がさかんで，清水焼や奈良墨などの伝統的工芸品がつくられています。

2 （　）のうち，正しいほうを選びましょう。

(1) 和歌山県では（ ぶどう・みかん ）をはじめ，かき，うめなどの果樹栽培がさかんです。

(2) 阪神工業地帯は（ 鉄鋼業 ・せんい工業 ）から発展し，戦後は臨海部に（ 軽・重化学 ）工業が発達しました。

(3) 西陣織や清水焼は（ 京都府 ・奈良県 ）でつくられている伝統的工芸品です。

解説 **1** (4) 金属製品をつくる工場のほか，自転車部品や文房具など，暮らしに深く関わる製品の工場も多い。

---

39 中部地方って，どんなところ？①

本文 97 ページ

1 □ にあてはまる語句を書きましょう。

(1) 中部地方は [北陸] ，中央高地，東海の３つの地域に分けられます。

(2) 中央高地には，飛騨山脈，木曽山脈，赤石山脈からなる [日本アルプス（日本の屋根）] がそびえます。

(3) [信濃] 川は日本一長い川で，下流の新潟県には [越後] 平野が広がっています。

(4) 名古屋市は周辺地域とともに名古屋大都市圏を形成し，[東海道] 新幹線などで他地域とも強く結びついています。

(5) 愛知県を中心に [中京] 工業地帯，静岡県の沿岸部に [東海] 工業地域が形成されています。

(6) 古くから受け継がれてきた技術を用い，地元産の原材料からさまざまなものをつくる産業を [地場] 産業といい，北陸の各県などでさかんです。

2 （　）のうち，正しいほうを選びましょう。

(1) 中京工業地帯の（ 東海・豊田 ）市では自動車工業，東海工業地域の（ 富士・浜松 ）市では楽器やオートバイの生産がさかんです。

(2) 福井県の鯖江市では（ 洋食器・眼鏡フレーム ）の生産がさかんで，全国の90％以上の生産を誇ります。

解説 **2** (1) 東海市でさかんなのは鉄鋼業，富士市でさかんなのは製紙・パルプ工業である。

---

40 中部地方って，どんなところ？②

本文 99 ページ

1 □ にあてはまる語句を書きましょう。

(1) 北陸は豊富な雪どけ水をいかして [稲] 作がさかんで，コシヒカリなどの [銘柄（ブランド）] 米がつくられています。

(2) 山梨県の甲府盆地には水はけがよい [扇状地] が広がり，果樹栽培に適しているため，ももやぶどうの一大産地となっています。

(3) 夏でも涼しい長野県の野辺山原などでは，レタスやはくさいなどの [高原] 野菜の栽培がさかんです。

(4) 愛知県の渥美半島などでは，ビニールハウスなどの施設を利用して野菜や花を栽培する [施設園芸] 農業がさかんです。

(5) 成長を遅らせるなどして，ほかの地域よりも遅い時期に野菜や花を出荷する栽培方法を [抑制] 栽培といいます。

(6) 愛知県の渥美半島では，夜間に照明をつけて日照時間を延ばし，花の開く時期を遅らせる電照 [菊] の栽培がさかんです。

2 （　）のうち，正しいほうを選びましょう。

(1) 静岡県の（ 焼津 ・銚子 ）港は遠洋漁業の基地となっていて，かつおやまぐろがたくさん水揚げされます。

(2) 静岡県の牧ノ原は日本一の（ 茶 ・さとうきび ）の産地となっています。

解説 **1** (6) 菊は，日照時間が短くなると花が開く特性をもっている。

41 関東地方って, どんなところ？①

本文101ページ

1 ◻ にあてはまる語句を書きましょう。

(1) 関東地方には日本最大の ◻関東 平野が広がり, 流域面積が日本最大の ◻利根 川が流れています。

(2) (1)の平野には, 火山灰が積もってできた赤土の ◻関東ローム に覆われた台地がみられます。

(3) 高層ビルが集中する東京都の中心部では, 周りの地域よりも気温が上昇する ◻ヒートアイランド 現象がみられます。

(4) 東京は日本の ◻首都 で, 政治や経済, 文化の中心地です。

(5) 東京大都市圏は人口が集中し ◻過密 状態にあって, 通勤ラッシュなどの都市問題が起こっています。

(6) 千葉県の ◻成田 国際空港は日本と世界の空の玄関口となっていて, 貿易額は日本最大です。

2 ( ) のうち, 正しいほうを選びましょう。

(1) 国会議事堂や最高裁判所がある地域を ((都心)・副都心) といい, ターミナル駅の新宿や渋谷などは (都心・(副都心)) と呼ばれます。

(2) 都心は, 周辺地域に住む多くの人が通勤・通学してくるため, (昼間・(夜間)) 人口よりも, ((昼間)・夜間) 人口が多いです。

解説 **1** (6) 成田国際空港は旅客数も世界有数で, 世界各地の都市と国際線が結ばれている。

---

42 関東地方って, どんなところ？②

本文103ページ

1 ◻ にあてはまる語句を書きましょう。

(1) 関東地方では大都市向けに新鮮な野菜や果樹を栽培・出荷する ◻近郊 農業がさかんです。

(2) 群馬県の嬬恋村では夏でも涼しい気候をいかして, キャベツなどの ◻高原 野菜の栽培がさかんです。

(3) 栃木県では乳牛, 茨城県や千葉県では卵用にわとりを飼育する ◻畜産 がさかんです。

(4) 群馬県・栃木県・茨城県は高速道路が整備されたことで自動車や電気機械, 食料品などの工場が進出し, ◻北関東 工業地域が形成されました。

2 ( ) のうち, 正しいほうを選びましょう。

(1) 神奈川県・東京都・埼玉県には ((京浜)・中京) 工業地帯, 千葉県の東京湾沿岸には (瀬戸内・(京葉)) 工業地域が形成されています。

(2) 栃木県では (かき・(いちご)) や ((かんぴょう)・こんにゃくいも) の栽培がさかんです。

(3) 人口が多く情報も集まる東京都では ((印刷業)・林業) がさかんです。

(4) 東京都では情報通信技術 (ICT) 関連産業や観光業などの第 (二・(三)) 次産業がとくに発達しています。

解説 **2** (4) 東京都の第三次産業で働く人の割合は, 全国平均に比べてかなり高くなっている。

---

43 東北地方って, どんなところ？①

本文105ページ

1 ◻ にあてはまる語句を書きましょう。

(1) 東北地方の中央部には ◻奥羽 山脈が南北に連なっています。

(2) 三陸海岸の南部は複雑に入り組んだ ◻リアス 海岸となっていて, 2011年の東日本大震災では ◻津波 による大きな被害を受けました。

(3) 東北地方の太平洋側は初夏から夏にかけて ◻やませ という冷たく湿った風が吹き, 稲が十分に育たないことがあります。

(4) 秋田県の男鹿半島には, 大みそかの夜に, 鬼の格好をした住民が家々を回る ◻なまはげ という民俗行事が受け継がれています。

(5) 青森県の青森 ◻ねぶた 祭, 秋田県の秋田 ◻竿燈 まつり, 宮城県の仙台七夕まつりは, 東北三大祭りと呼ばれています。

2 ( ) のうち, 正しいほうを選びましょう。

(1) 岩手県と宮城県には (阿武隈・(北上)) 川が流れ, 山形県には ((最上)・雄物) 川が流れています。

(2) 山形県には ((庄内)・津軽) 平野が広がり, 宮城県には (北上・(仙台)) 平野が広がっています。

(3) 東北地方の日本海側は, 冬に ((北西)・南東) からの季節風の影響で雪や雨が多く降ります。

解説 **1** (2) リアス海岸の深い湾の奥などでは, 周りの地域より波が集まって高い津波となることがある。

---

44 東北地方って, どんなところ？②

本文107ページ

1 ◻ にあてはまる語句を書きましょう。

(1) リアス海岸が広がる三陸海岸は波がおだやかなことをいかして, わかめやこんぶなどの ◻養殖(養殖業) がさかんです。

(2) 三陸海岸の沖合には暖流と寒流がぶつかる ◻潮境(潮目) があり, 好漁場となっています。

(3) 東北地方の各地では, 冬の農家の副業として始まった工芸品づくりが現在まで受け継がれ, ◻伝統 産業がさかんです。

(4) 青森県の弘前市などでは ◻津軽 塗, 岩手県の盛岡市などでは ◻南部 鉄器という伝統的工芸品がつくられています。

(5) 東北地方では高速道路のインターチェンジ付近に ◻工業団地 ができ, 自動車や半導体などの工場が進出しました。

2 ( ) のうち, 正しいほうを選びましょう。

(1) 東北地方は日本を代表する ((稲作)・畑作) 地帯です。

(2) 山形県は (パイナップル・(さくらんぼ)), 青森県は ((りんご)・ぶどう) の日本一の産地です。

(3) 青森県の陸奥湾では ((ほたて)・真珠), 宮城県の仙台湾では (まだい・(かき)) の養殖がさかんです。

解説 **1** (4) 南部鉄器は, 地元で豊富にとれる砂鉄や漆, 木材などを原材料としてつくられてきた。

45 北海道地方って, どんなところ?

本文109ページ

1 ☐ にあてはまる語句を書きましょう。

(1) 北海道地方は日本の北の端にあり, 冬の寒さが厳しい 　冷(亜寒)　

帯の気候です。

(2) 北海道地方の家には, 寒さをしのぐために窓や玄関を 　二重　 にす

る工夫がみられます。

(3) 北海道地方では, 先住民の 　アイヌ　 の人々が暮らしてきました。

(4) 札幌市では2月に 　さっぽろ雪　 まつりが行われ, 全国から多く

の観光客が訪れます。

(5) 石狩平野はほかの土地から性質の異なる土を運んできて加える

　客土　 により土地を改良し, 　稲　 作がさかんになりました。

(6) 十勝平野では畑作がさかんで, 複数の種類の農作物を順番に栽培する

　輪作　 を行っています。 　根釧　 台地では酪農がさかんです。

2 ( ) のうち, 正しいほうを選びましょう。

(1) 十勝平野では ((じゃがいも)・さつまいも) の栽培がさかんで, 根釧台

地では (卵用にわとり ・(乳牛)) がたくさん飼育されています。

(2) 室蘭市では (自動車 ・(鉄鋼)) の生産, 苫小牧市では

(せんい工業 ・(製紙業)) がさかんです。

解説　**2** (1) 北海道はじゃがいもをはじめ, 小麦やてんさい
などさまざまな農作物の生産量が全国一。

1
(1) B　　(2) ②
(3) アジア州，ヨーロッパ州

解説

(1) **B**はユーラシア大陸。いっぽう，面積が最小なのが**E**のオーストラリア大陸である。

(2) ②は太平洋。太平洋の面積は，すべての陸地を合わせた面積よりも広い。

2
(1) ウ→ア→イ　　(2) イ
(3) **X** ア　**Y** エ

解説

(1) ロシアの面積は日本の約45倍で，世界の陸地面積の１割以上にもなる。カナダとアメリカ合衆国の面積は，どちらも日本の約26倍である。

(2) キューバは，北アメリカ州の西インド諸島にある海洋国（島国）。ほかはすべて海に面していない内陸国である。

(3) エクアドルもコロンビアも南アメリカ州に属する国である。

3
(1) ウ
(2) エ

解説

(1) **A**の本初子午線は，経度の基準となる０度の経線で，イギリスの首都ロンドン郊外にある旧グリニッジ天文台を通る。

4
(1) イ　　(2) ウ
(3) Y
(4) **例**面積や距離，方位などのすべてをほぼ正しく表している。

解説

(1) 緯線と経線が直角に交わる地図で，地図上の二つの地点を結んだ直線が経線に対して等しい角度になる。

(3) サンフランシスコは，東京から見て北東になる。

1
(1) **A** 北緯　**B** 東経
(2) **例**ユーラシア大陸の東にある。
(3) ①エ　②ウ

解説

(3) ②日本と緯度が同じくらいなのは，地中海沿岸のヨーロッパ南部やアフリカ北部の国々，アメリカ合衆国などである。スペインはヨーロッパ南部の地中海に面する国。

2
(1) 東経135度
(2) ３時間　　(3) イ

解説

(1) 兵庫県の明石市を通る。

(2) 経度差が45度なので，ロンドンとバグダッドの時差は，「45÷15＝3」より３時間。

(3) 東京とロサンゼルスの経度差は，「135＋120＝255」より255度。時差は，「255÷15＝17」より17時間。東京のほうがロサンゼルスより時刻が早いので，ロサンゼルスの日時は，１月１日午前12時の東京より17時間遅い12月31日午後７時である。

3
(1) イ
(2) 排他的経済水域
(3) ①エ　②ア　③ウ

解説

(1) 190余りある世界の国々の中で，日本の面積は60番目くらいである。

4
(1) **A** 東北　**B** 中部　**C** 近畿　**D** 九州
(2) X　　(3) a オ　b エ　c イ

解説

(1) **A**は福島県，**B**は石川県，**C**は兵庫県，**D**は宮崎県。

(2) **Y**は和歌山県，**Z**は三重県。

(3) **a**は岩手県，**b**は群馬県，**c**は島根県の県庁所在地。

復習テスト ❸ （本文34〜35ページ）

1 (1) A ウ B オ C エ D イ E ア
(2) B イ D ア E ウ

解説

(1) Aはイタリアで温帯の気候。Bはサハラ砂漠の南に広がるサヘルで，乾燥帯の気候。Cはアジアの北に広がるシベリアで，冷帯（亜寒帯）の気候。Dはインドネシアで熱帯の気候。Eはカナダ北部で寒帯の気候。

(2) アは高床の住居。イは土をこねてつくった日干しれんがの住居。ウは雪をれんが状にして積み上げたイグルーで，イヌイットの伝統的な住居である。

2 (1) A エ B ウ C イ D ア
(2) A ウ B ア C エ D イ

解説

(1) Aは乾燥帯の砂漠気候，Bは冷帯（亜寒帯）気候，Cは温帯の地中海性気候，Dは熱帯の熱帯雨林気候について述べている。

(2) アはロシアのイルクーツクの雨温図で，冬の気温が低く，夏と冬の気温差が大きい。イはサモアのアピアの雨温図で，一年中気温が高く，降水量が多い。ウはエジプトのカイロの雨温図で，降水量がほとんどない。エはイタリアのローマの雨温図で，温暖で夏に降水量が少なく，冬に降水量が多い。

3 (1) ①キリスト教 ②仏教
③イスラム教
(2) 例ヒンドゥー教では，牛は神聖なものとされているから。

解説

(1) 仏教，キリスト教，イスラム教は世界的に広がり，三大宗教と呼ばれる。各宗教の教典には教えが記されていて，仏教は「経」，キリスト教は「聖書」，イスラム教は「コーラン」が教典である。

復習テスト ❹ （本文56〜57ページ）

1 (1) A ウ B エ C イ D ア
(2) ①プランテーション
②ヒンドゥー
③漢（漢民）
④ハイテク（先端技術，情報通信技術関連）
(3) A

解説

(1) Aはインドネシア，Bはインド，Cは中国，Dは韓国の説明。

(2) ①プランテーション（大農園）では，天然ゴムやコーヒー豆なども栽培されている。油やしからはパーム油が得られ，食用のほか，マーガリンやせっけんの原料になる。

2 (1) 例特定の鉱産資源や農作物の輸出に頼る経済。
(2) ウ (3) A イ B エ

解説

(1) 鉱産資源や農作物は，景気や天候などの影響を受けて価格が大きく変動するため，これらの輸出に頼る国は収入が安定しにくい。

(2) サンベルトは北緯37度より北ではなく南の地域で，現在アメリカの工業の中心となっている。五大湖周辺では古くから工業が発展したが，その後伸び悩んだ。

(3) オーストラリアの輸出品は，かつては羊毛が中心だったが，現在は鉄鉱石や石炭，天然ガスなどの鉱産資源が中心となっている。

3 (1) コーロッパ連合（EU）
(2) ユーロ (3) ① C ② D

解説

(3) Cはスペイン，Dはポルトガルである。南アメリカ州の国々は，ブラジルがポルトガル，ブラジル以外の多くの国がスペインの植民地だった。

1
(1) 北西
(2) ①エ ②オ ③ウ ④イ
(3) 500 m

解説

(1) 地形図上の方位は，上が北になっている。

(2) 文 は漢字の「文」の形, 〒 はかつて郵便を取り扱っていた逓信省の頭文字の「テ」, ✕ はけいぼうを交差させた形, 开 は神社の入り口にある鳥居の形がもとになっている。

(3) A－B間の地形図上の長さは2cm，地形図の縮尺は2万5千分の1なので，
2(cm)×25000＝50000(cm)＝500(m)。

2
(1) 日本アルプス（日本の屋根）
(2) ①扇状地 ②三角州
(3) 囫複雑に入り組んでいる（切り込みの深い湾と岬が続く）。

解説

(2) ①の扇状地は，扇を広げたような形の緩やかな傾斜地。②の三角州は，三角形のような形をしていて，低くて平らな地形。

(3) Yは三陸海岸の南部，Zは若狭湾の沿岸部を示している。

3
(1) X
(2) A イ B エ C ア D ウ
(3) ウ

解説

(1) 冬の季節風は北西から，夏の季節風は南東から，日本列島に吹いてくる。

(2) Aは釧路で北海道の気候，Bは金沢で日本海側の気候，Cは名古屋で太平洋側の気候，Dは高松で瀬戸内の気候に属する。

(3) 海底を震源とする地震が起きたときに発生することがあるのは，高潮ではなく津波。高潮は，台風や発達した低気圧が接近したときなどに発生する。

1
(1) B→C→A
(2) ウ

解説

(1) 日本の人口ピラミッドは，富士山型からつりがね型，そしてつぼ型へと変化してきた。現在は少子高齢化が進み，子どもの割合が低く，高齢者の割合が高くなっている。

(2) 学校の閉校は，人口が大きく減少している過疎地域でみられる問題である。

2
(1) A ウ B ア C イ
(2) 囫地球温暖化の原因となる二酸化炭素の排出量が多い。

解説

(1) 石炭と鉄鉱石はどちらも1位がオーストラリアなので，2位の国で見分ける。2位がインドネシアのAは石炭，2位がブラジルのBは鉄鉱石。

3
(1) イ
(2) ①B ②D ③A
(3) 太平洋ベルト

解説

(1) 安い外国産の農産物に対抗するため，日本の農家は，安心・安全で高品質の農産物をつくることに力を入れている。

(2) Cは阪神工業地帯である。

(3) 工業地帯・地域が帯（ベルト）のように連なることから名づけられた。

4
(1) ア，エ
(2) ウ

解説

(1) 海上輸送では，主に重くてかさばるものが運ばれる。電子部品などの軽くて高価なものや，新鮮さが重要な野菜や生花などは，主に航空輸送で運ばれる。

1

(1) A 筑後川　B 有明海　C 桜島

(2) カルデラ

(3) ①Z　②X　③Y

(4) イ

解説

(1) Aの筑後川は福岡県と佐賀県の県境を流れ，Bの有明海に注ぐ。

(2) Dは熊本県にある阿蘇山で，世界最大級のカルデラをもつ。

(3) Xは筑紫平野，Yは宮崎平野，Zはシラス台地を示している。

(4) IC（集積回路）工場は，九州各地の空港周辺などに多く進出した。

2

(1) A 中国山地　B 瀬戸内海　C 吉野川

(2) 瀬戸大橋　　(3) ア，オ

(4) 例降水量が少ないので，水不足に備えるため。

(5) 石油化学コンビナート

解説

(2) 本州と四国を結ぶ本州四国連絡橋の１つ。

(3) Eは高知県の高知平野。野菜の促成栽培がさかんで，なすやきゅうりなどの野菜を冬から春にかけて出荷している。

(4) Fの讃岐平野は，季節風が中国山地や四国山地にさえぎられるため，１年を通じて降水量が少ない。

3

(1) A 琵琶湖　B 淀川　C 紀伊山地

(2) リアス海岸　　(3) a　　(4) エ

解説

(2) Dは若狭湾沿岸，Eは志摩半島。

(3) aは神戸市。丘陵地を削った地域には住宅地がつくられ，埋め立てた臨海部にはポートアイランドや神戸空港がつくられた。

(4) Fは和歌山県。ぶどうの生産量全国一は山梨県。

1

(1) A 利根川　B 信濃川　C 濃尾平野

(2) 高原野菜

(3) 菊（電照菊）

(4) 近郊農業

(5) a ウ　b ア

(6) ①北関東工業地域
②京葉工業地域

(7) 例多くの人が周辺地域から都心部へ通勤・通学しているから。

解説

(1) Aの利根川は流域面積が日本一，Bの信濃川は長さが日本一。

(2) Dは浅間山山ろくや野辺山原などの高原を示している。

(5) aは中京工業地帯に属する愛知県の豊田市で，世界有数の自動車メーカーの本社がある。bは東海工業地域に属する静岡県の富士市。

(6) ①は栃木県，②は千葉県。

2

(1) A 奥羽山脈　B 最上川

(2) C エ　D ア

(3) 潮境（潮目）

(4) ①Y　②Z　③X

(5) a　　(6) ウ

解説

(2) Cは青森県の津軽平野，Dは山形県の山形盆地。

(3) 潮境は魚のえさとなるプランクトンが豊富で，かつおやさんまなどさまざまな魚が集まってくる。

(4) Xは石狩平野，Yは十勝平野，Zは根釧台地。同じ耕地で，複数の種類の農作物を順番に栽培することを輪作という。

(5) 写真はaの青森市で行われている青森ねぶた祭である。

(6) 輪島塗は，中部地方の石川県の輪島市でつくられている伝統的工芸品。